捕捉生长的光

——幼儿园班本主题探究实录

李延君 主编

中国文联出版社

图书在版编目（CIP）数据

捕捉生长的光：幼儿园班本主题探究实录 / 李延君
主编. — 北京：中国文联出版社，2022.12
ISBN 978-7-5190-5026-9

Ⅰ. ①捕… Ⅱ. ①李… Ⅲ. ①幼儿园—课程—教学研
究 Ⅳ. ①G612

中国国家版本馆CIP数据核字（2023）第003969号

主　　编　李延君
责任编辑　刘　旭
责任校对　秀点校对
装帧设计　刘贝贝　李　娜

出版发行　中国文联出版社有限公司
社　　址　北京市朝阳区农展馆南里10号　　邮编　100125
电　　话　010-85923025（发行部）　010-85923091（总编室）
经　　销　全国新华书店等
印　　刷　北京四海锦诚印刷技术有限公司

开　　本　710毫米×1000毫米　　1/16
印　　张　14.5
字　　数　261千字
版　　次　2022年12月第1版第1次印刷
定　　价　68.00元

编委会

核心素养主要指儿童应具备，能够适应终身发展和社会发展需要的必备品格、关键能力。21世纪以来，核心素养备受关注，已经成为部分国家制定课程标准的重要考量。核心素养是为完满生活和幸福生活做准备，而要获得核心素养，必须让幼儿深度学习，获得真正的学习力，将知识和经验转化为素养或能力。学习不仅仅是知识的学习，更是围绕着知识进行探索，获得个人终身发展必需的关键能力。生成性课程以儿童为立场，聚焦儿童的生命与生活，推行启发式、探究式、参与式、合作式等教学方式，帮助儿童搭建学习支架，以此发展幼儿的批判性思维能力，促进幼儿的深度学习。它不仅是对幼儿兴趣与需求的反映，也是对教师教育观及专业能力的呈现，更是适应不断变化的时代中各类新兴事物的有效途径，其灵活性使得它不受“程序化”课程的约束，成为不断更新、连接儿童的有效课程，深受学前教育者的青睐。

本书正是作者在建构与实施生成性课程中的经验成果，借助当前学前教育实践领域中受欢迎的“课程故事”来呈现生成课程的发生。课程故事是教师教育教学支架与儿童学习生活历程的有机融合，教师主要以叙事的方式看待教学问题，践行课程理念，支持儿童成长，从而促成自身教学经验的生长。李延君老师主编的《捕捉生长的光——幼儿园班本主题探究实录》一书，正是在“重述”和“重写”那些能够激发教师智慧觉醒、促进幼儿经验变迁的课程故事。阅读书中的文字，能够使我们感受到来自教育教学一线的真实和朴实，生动地展示了来自一线的教学场景，再现了“实践—反思—再实践—再反思”的智慧火花反复碰撞的过程。书中鲜活的素材、丰富的描述、鲜明的观点体现了教师们的实践知识和教育智慧，为读者提供了翔实、立体、生态的学习样本。纵览全书，特色如下：

1. 理念与时俱进

“一日生活皆课程”“生活处处有生成”“生命在场”与“儿童立场”的课程理念；“育人为本”“实践取向”的教育理念。阅读书中的每个课程故事可以感受到教师始终做到“眼中有孩子，心中有课程”，从看见儿童，发现引发儿童作为有能力的积极学习者的“哇时刻”行为，到看懂儿童，专业解读儿童行为背后的意义、价值与发展需求，再到回应儿童，支持引导儿童对感兴趣的问题进行深度学习。儿童是幼儿园课程的主体，教师以儿童为中心，聆听来自儿童的生命之音，构建基于儿童的创生课程，实施“生命在场”的课程活动，有效达成了教学相长的良性循环。

2. 课程适宜有效

通过“观察记录—解释思维—制订课程行动计划—设计和实施研究激发方案—反思性评价”的循环探究思路开展生成性课程，教师通过持续性观察去理解儿童并看见儿童的需求，设计切合儿童思维的课程方案，助力儿童“学”有深度，教师“教”有高度，有效地克服了课程生成的随意性、盲目性和成人性，较好地解决了课程教学碎片化、知识和经验零散化、预设和生成割裂化等问题。

3. 内容生动翔实

本书的课程故事以促进关键经验和核心素养的发展为课程目标导向，以生活、自然、文化为课程内容来源，以观察解读、捕捉生成、反思提升为课程实施方式，有效地推进了课程的深度开展，有效地促进了幼儿的深度学习。撰写的活动案例，来源于实践经验思考的总结，图文并茂，逻辑清晰，散发着教师理论思辨的光辉，值得静心研读。

杜威认为：教育即生活，教育即生长。确实，教育来源于生活中的故事，回归到生命中的成长。教育的本质是一种价值选择与价值追求，走向生活，走向真实情境中复杂问题的解决，走向持续做成符合社会价值导向的事，从而丰盈自身的生活智慧。儿童的学习是新知识和已有经验持续整合的过程，并以此加深和拓宽自己对自我与周围世界的理解。因此教师要关注与儿童的共同生活，注重捕捉生活中的教育契机，跟随儿童的生活去追寻课程的踪迹，通过师生共同参与的亲身体验，让儿童自己发现已有经验与新发现的现象或事实之间的差异冲突，让他们重新地审视、反思和修正原有的经验和认识，从而建构新的知识和经验体系。

儿童自主建构的知识和经验体系是真正地属于儿童的认知发展，是真正有意义的和有效力的“活知识”，这种建构无法由其他人代替。儿童学习的过程是捕捉儿童生长光芒的过程；教学的力量是看见儿童生长的力量。相信《捕捉生长的光——幼儿园班本主题探究实录》一书会对广大幼儿园园长和教师，在开拓生成性课程新视野、挖掘儿童发展新空间、实现幼儿园新发展等方面会带来一定的启发和帮助。期望今后的思考和探索能够不断地向纵深发展，大家共同分享深藏一线的教育智慧，共同致力专业成长和生命质量的提升，共同憧憬学前教育的灿烂明天。

叶平枝

2022年6月2日

前言

FOREWORD

教育要回归人的本源——生命的存在。每一个生命的成长都有其独特的“光芒”，教育是一群人去寻找每一个生命的内在需求，建构合作叠加的机制，发现链接带来的惊喜，捕捉生命成长的光芒，一起发现美好的自己。因此，幼儿教育应关注每个幼儿的特性，回归生命本源，顺应幼儿的天性，从儿童立场出发去发展和建构课程，聆听儿童生命背后的声音，捕捉儿童成长的光。

课程中树立“基于儿童”的理念可以使教育实践的逻辑起点牢牢地锁定在儿童，而不至于使之滑向成人本位或知识本位的泥潭。随着《中国学生发展核心素养》的发布，“素养本位”得到教育研究者和实践者的高度重视，激起了大幅度的课程改革浪潮。惠州市机关第一幼儿园历来高度重视幼儿园课程的改革和发展，一直牢牢紧扣时代精神，不断在理论与实践之间 “穿行”，走在教育改革的“田间地头”，寻找核心素养落地的方向。在实践中，我们发现站在儿童的立场才能看得到儿童之行，听得到儿童之声，解读到儿童之需，捕捉到成长之光。因此近几年来，我们一直探索以“生命在场”与“儿童立场”的教育新样态。学前教育的生成课程，是寓于生命之中，寓于儿童热爱世界的眼中。儿童、自然、生活、文化是生成性课程的核心词，从儿童的兴趣出发，立足儿童本位，回归自然本真，融合一日生活，渗透传统文化，让儿童在直接感知、亲身体验、实际操作中获得多元化的经验，最终促进儿童的全面发展。这与我园课程改革的愿景相吻合，因此，我们开启了生成性课程的探索之路。

《捕捉生长的光——幼儿园班本主题探究实录》一书是惠州市机关第一幼儿园在探索园本课程建构过程中亲、幼、师三大人群不断思考、实践、反思、创造而产生的，是我园践行“生命在场”与“儿童立场”的教育，聚焦“基于核心素养的生成式课程建构”“幼儿园教师课程生成能力的培养路径”等课题研究的成果和案例。在看这些案例时，或许你会有似曾相识之感，因为这些都是幼儿日常生活之现象，但恰恰是在这些日常生活行动中蕴含着幼儿作为积极主动学习者所涌现出来的“哇时刻”，就是很好的教育契机。而这些教育契机教师注意到了，把握住了，就会成为幼儿学习的生长点，精彩的课程故事由此发生与发展；相反，如果教师缺乏专业的敏感性，就会视而不见，那么教育契机就会稍纵即逝。著名教育家陶行知先生提出“一日生活皆课程”，倡导以幼儿生活为中心、教学做合一。陈鹤琴先生主张活教育课程论，提出“大自然、大社会都是活教材”，课程应源于儿童生活、回归于儿童生活。可见适宜的教育需要从幼儿生活中来，在幼儿生活中展开。读懂儿童是生成性课程的起点，又关乎课程方案的适宜性，因此要“读懂”儿童生活中的游戏，善于聚焦探究的问题，才能生成高质量课程。我园教师从孩子的生活出发，牢牢抓住幼儿学习的生长点，生成和发展了一个个精彩的课程故事。

基于儿童需求的生成课程，始终把儿童立于课程的正中央，践行“幼儿为本”的基本理念。在教育实践中，很多幼儿园教师将幼儿的兴趣作为生成课程的源头，但是课程依然存在开展不深入的问题，于是很多教师质疑“课程应该完全追随孩子的兴趣开展吗？”“生成课程与幼儿的兴趣之间是怎样的关系？”以“儿童为本”不等于“幼儿万能”；课程还要融入教师的视角，即根据儿童个体发展的需要，融入社会价值观做出正向的价值引领，进行合理的保护、教育。因此，幼儿园的课程是在“幼儿的视角”“教师的视角”“专家的视角”“理论的视角”等多种视角碰撞下生成和发展的。惠州市机关第一幼儿园在课程实践中融合了多元视角形成了“观察记录—解释思维—制订课程行动计划—设计和实施研究激发方案—反思性评价”的课程探究循环。在课程实施过程中，我们充分尊重幼儿“做中学、玩中学、生活中学”的学习方式，倡导“做儿童温暖的知心玩伴”，始终扮演着学习资源的提供者、解决问题的指导者，是基于幼儿发展需要的追随和支持者的身份，通过聚焦幼儿感兴趣、有意义、有挑战性的问题与任务，提供环境支持、对话引领、问题激发、经验拓展等方式帮助儿童搭建学习支架，以观察解读—捕捉生成—反思提升三步螺旋跟进的方式来推进课程的实施，去支持幼儿的深入探究行为，从而促进幼儿自由灵动地成长。“以儿童为本”的教育实践，必然要回复儿童体验的本体价值，在体验的过程中成长和化育，我们倡导“生命在场”的教育，就是要对儿童的生命抱有敬重之心，去捕捉孩子生长的光，从而感受到生命展开的声音，在有限中创造无限的可能性，促进儿童的生命茁壮生长。

《捕捉生长的光——幼儿园班本主题探究实录》借助课程故事的形式，以“三四五”课程实施的路径，从课程三审议—制订课程行动计划—实施课程—过程性反思—深入实施—反思性评价的流程梳理和汇编了捕捉儿童探寻生活的点滴，促进成长的故事。每一个故事都展现儿童学习与发展的真实过程，展现教师对儿童学习与发展的有效支持；每一个案例都精彩翔实，记录着幼儿和老师在生活中体验和探究旅途中彼此成长的印记。它凝聚了幼儿园园长、骨干教师等集体的智慧。

我们深知从事幼教工作的读者有着丰富的教育经验，但是我们仍然试图以实践的层面，以叙事性“案例”的形式梳理和呈现给大家。对教师开展班级课程探索、幼儿园引领教师探究教学改革“形上思考”、幼儿提升核心素养等起到抛砖引玉之效，相信未来会出现更多、更好、更贴近实际需求的生成性课程著作，帮助幼儿园教师更好地支持幼儿的发展，聚焦教学相长的生命之光。

目录 CONTENTS

第一章 人文底蕴

第二章 科学精神

第三章 学会学习

第四章

健康生活

第五章

责任担当

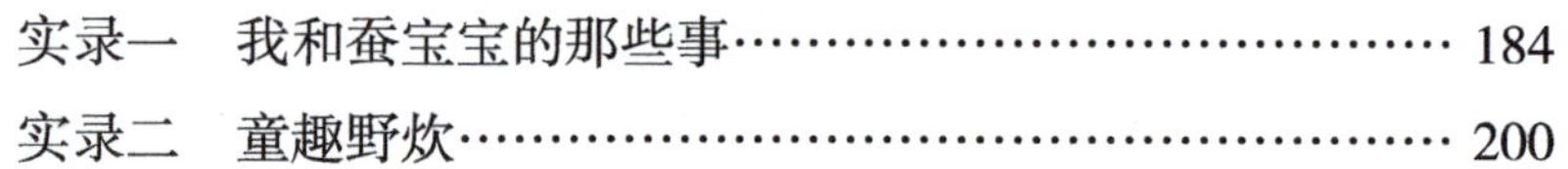

第六章

实践创新

第一章
人文底蕴

实录一 姓甚名谁

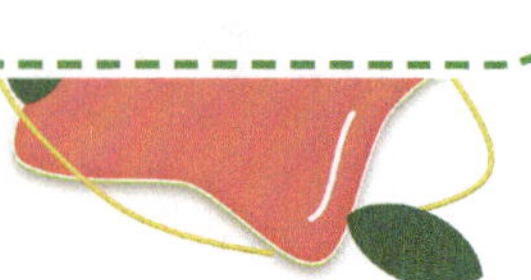

课程缘起

班上进行着园本课程“我是中国人”的课程分支——“中国汉字”之“百家姓”。孩子们在认真地观看视频“2020年百家姓排名”，并将自己的姓氏排名记录下来。孩子们对视频中出现自己的姓氏很高兴，纷纷说：“这是我的姓——李！”“我姓张，排名第三！”“我姓梁，排第22，和我的学号一样！”“排名第一的是王！我们没有姓王的！”“王医生就是姓王！”……

欧阳瑞源高高地举起小手，“老师！我姓欧阳，我找不到我的姓！”单伟杰立刻说：“错了！错了！你姓欧，姓是第一个字，不是两个字的！”欧阳瑞源：“我就是姓‘欧阳’，跟我爸爸姓！”……

循着孩子的兴趣，我们开启了班本课程“姓甚名谁”的探索之旅。下表为2020年百家姓。

1	王	2	李	3	张	4	刘	5	陈	6	杨	7	黄	8	赵	9	吴	10	周
11	徐	12	孙	13	马	14	朱	15	胡	16	郭	17	何	18	林	19	罗	20	高
21	郑	22	梁	23	谢	24	宋	25	唐	26	许	27	韩	28	邓	29	冯	30	曹
31	彭	32	曾	33	肖	34	田	35	董	36	潘	37	袁	38	蔡	39	蒋	40	余
41	于	42	杜	43	叶	44	程	45	魏	46	苏	47	吕	48	丁	49	任	50	卢
51	姚	52	沈	53	钟	54	姜	55	崔	56	谭	57	陆	58	范	59	汪	60	廖
61	石	62	金	63	韦	64	贾	65	夏	66	付	67	方	68	邹	69	熊	70	白
71	孟	72	秦	73	邱	74	侯	75	江	76	尹	77	薛	78	闫	79	段	80	雷

续表

81	龙	82	黎	83	史	84	陶	85	贺	86	毛	87	郝	88	顾	89	龚	90	邵
91	万	92	覃	93	武	94	钱	95	戴	96	严	97	莫	98	孔	99	向	100	常

前期审议

姓氏是一个家族的起源和传承，其文化乃是中国民俗传统文化之缩影，是极其宝贵的文化宝藏。作为中国人都有责任了解和传承中国的文化和文明。每个人，从一出生开始就拥有了自己的姓氏和名字。名字通常是家人送给孩子的第一份珍贵礼物。名字是每个人的专属符号，还蕴含着家庭对子女的期望与传承。所以，古人教育孩子，首先要让他知道自己姓甚名谁，了解自己的根脉，然后才能爱家、爱国。因此以孩子熟悉的姓名入手，带领孩子探究姓氏文化，有利于提高孩子对中国文化的认同感、增强文化自信，也可以有效促进优秀文化的传承。

同时大班的孩子自我意识逐渐增强，对自己的社会角色有所关注，他们对自我的认识处于从“主观自我”到“社会自我”的转化过程中；对书面语言也有更浓厚的兴趣。《3—6岁儿童学习与发展指南》也指出：“让幼儿在写写画画的过程中体验文字符号的功能，培养书写兴趣。”然而在“百家姓”活动中，从孩子们对“姓氏”到“姓名”的讨论中发现大多数孩子们对自己的名字有初步的认识，但是对自己名字的寓意、姓氏历史等内容了解甚少。为此，我们组织孩子进行了大讨论，聚焦孩子的问题并梳理出“姓甚名谁”的探究线索，开启探索之旅。

前期准备

幼儿经验分析	材料提供	资源收集	教师知识准备
1. 大班的孩子不但认识自己的姓名，而且对不同的姓名的寓意也充满了好奇	1. 提供相关材料及记录表如：家庭“姓氏”大调查、同姓一家亲、我的名字有故事等	1. 与孩子一起收集与姓氏文化有关的绘本	查找相关资料，先深入了解“姓氏文化”关于历史、经济、教育、道德等

续 表

幼儿经验分析	材料提供	资源收集	教师知识准备
2. 对日常生活中的传统文化——姓名文化中的底蕴和历史知识处于表面的认知	2. 提供《古老的历史》《漫画百家姓》《画给孩子的姓氏故事》等姓氏文化的绘本	2. 收集家族族谱、完成相关亲子作业单	相关知识为本次课程探究预设研究目标

课程目标

核心素养	主题目标
人文底蕴	1. 了解姓氏的起源以及过程，知道姓氏文化发展各个阶段的特点。 2. 喜欢与他人一起谈论姓氏图书和故事的有关内容。 3. 对自己的名字符号感兴趣，知道自己姓名的寓意。 4. 能用多种工具、材料或不同的表现手法设计和装饰自己的名字。 5. 能理解和尊重姓氏文化的多样性。 6. 乐意用表情、动作、语言等方式表达和分享自己对姓氏和名字的理解
科学精神	1. 能自己制订“姓氏”调查计划并执行。 2. 能通过观察、比较、统计的方法了解班级姓氏的不同。 3. 对自己的名字和姓氏文化感兴趣
学会学习	1. 对自己的姓氏感兴趣并能仔细观察，发现其特征。 2. 会与成人使用手机利用互联网获取姓氏文化的知识
健康生活	1. 能结合父母的期望，正确认识自己、欣赏自己。 2. 能根据自己的兴趣选择姓氏游戏
责任担当	1. 通过对姓氏的了解，对家庭、班级、学校、家乡、祖国等具有初步的归属感，为自己作为中国人感到自豪。 2. 能感知父母对自己寄予的厚望，懂得父母祖辈的伟大，并会用自己的行动感恩父母祖辈
实践创新	1. 能用数字、图画、表格或其他符号进行记录和分享。 2. 能学会与他人合作玩姓氏游戏并独立解决游戏中产生的问题

课程内容

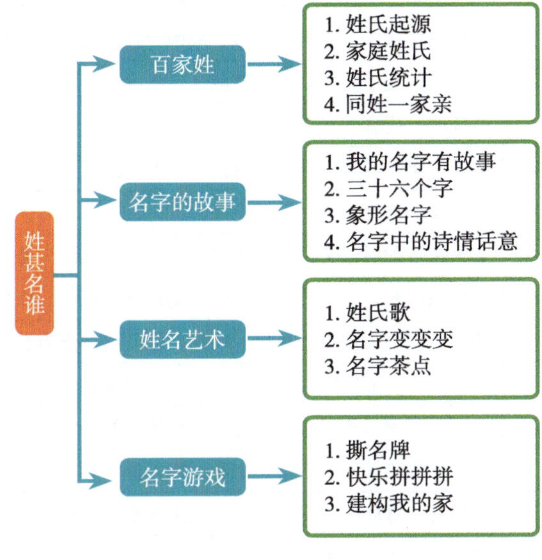

课程开展

活动一：姓氏起源

姓氏是怎么来的？孩子们知道《百家姓》后，都纷纷回家和家人寻找自己的姓氏起源，回到班上和同伴们分享。

序号	姓氏	各姓氏的由来
1	赵	周穆王把赵城赐了给造父，其后代以国为姓
2	钱	彭祖之孙彭孚在西周朝廷中任钱府上士，其后人以其官为姓
3	孙	周文王的一后代叫惠孙，他的后代以他的名字“孙”作为姓
4	李	皋陶的后人理征冤死，其妻儿李树下摘果活命，其后人以李为姓
5	周	黄帝大将周昌、商代太史周任、周文王或者周公等的后人
6	吴	周太王亶父之子太伯、仲雍建立吴国，其子孙称为吴氏
7	郑	郑桓公遗族以国名为姓
8	王	王子比干、周文王之子、周灵王太子、周平王太孙等王族后人
9	冯	毕公高的后人就以封地为姓
10	陈	周武王封大禹后代胡公满于陈，并建陈国，其后代以陈为姓
11	褚	恭段受封于褚邑，子孙就都以“褚”为姓
12	卫	周文王第九个儿子康叔，建立了卫国，他的后代以国名为姓

续 表

序号	姓氏	各姓氏的由来
13	蒋	周武王的兄弟伯龄，被封到“蒋”，公族子孙以国名为姓
14	沈	周文王第十个儿子季载，成立沈国，其后代都以沈为姓
15	韩	周时贵族武子，受封于韩原、战国时韩国王族后代姓韩
16	杨	周宣王的儿子尚父，封到杨邑，建杨国，子孙用杨姓
17	朱	西周时，周武王封曹侠到邾，后代以地名为姓，写作朱
18	秦	非子善于驯养马，周孝王封其为秦地，其后人以国为姓
19	尤	尤姓是由沈姓而来
20	许	远古炎帝的后代文叔建立了许国，后代就以许为姓
21	何	春秋战国时，韩国的公族中有一支迁移至江淮，以国为姓
22	吕	炎帝后代伯夷被封为吕侯，他的后代就用吕作为姓
23	施	夏朝时，有诸侯国，称施国，今湖北恩施县，其后代姓施
24	张	春秋时晋国贵族叫解张，他的后代用他的名作为姓
25	孔	开国君主叫天乙，后将乙字和子字并拢，形成孔字，定为姓
26	曹	远古有一贵族叫“安”，帮助大禹治水，被恩赐给一个曹姓
27	严	严姓是由庄姓变来
28	华	西周时宋国公子，受封于“华”，其子孙后代以地名为姓
29	金	远古黄帝的儿子少昊的后代以金为姓
30	魏	毕万的后代毕斯建起魏国，称魏文侯，其后人以国为姓
31	陶	尧的子孙中，有人以制陶为荣耀，就姓陶，世代延续
32	姜	以地名为姓
33	戚	以地名为姓
34	谢	用地名为姓
35	邹	邹国，舜后，姚姓。舜帝后裔姚姓族人开创建有邹国，以国为姓
36	喻	远古黄帝时，有个医官叫俞柎，为喻姓祖先
37	柏	柏姓起源非常古老，黄帝有个孙子叫颛顼，他的老师就姓柏
38	水	大禹治水，他的族人都当水工，后来就以水为姓
39	窦	大禹的后代，纪念先人
40	章	部落得一姓，其中就有章姓
41	云	黄帝的后代
42	苏	远古贵族昆吾，因为封在苏城为首领，就以地名为姓
43	潘	季孙的后代就以潘为姓
44	葛	最早的葛姓源于葛天氏

李迎菲：“我姓李，爸爸、爷爷都姓李。我爸爸说李姓和李树有关。”

杨可安：“我姓杨，我和哥哥、姐姐都是跟爸爸姓。杨姓起源于春秋初期。”

张佑宁：“我姓张，爸爸说的我记不住了！要是变成动画故事给我看就好了！”

陈品岳：“我也想看！”

黄煜杰：“我们上网找吧！上次百家姓排名也是上网找的！”

邱子悦：“找到啦！这个最有趣！回家和爸爸妈妈一起看！还有妈妈的姓——马呢！这个学习强国妈妈天天看的！”

李迎菲：“李姓，上面是木——大树，下面是子——孩子！大树的小孩子就像大树结出来的果实，李是李树或李子！跟爸爸说的一样哦！太有趣了！”

老师的话 孩子们在班上分享了自己的调查结果，都觉得自己的姓氏故事很有趣。但是很多小朋友记不住了。上网找动画视频是个不错的方法哦！孩子们开心地选取了自己的姓氏视频进行学习了解。还找到了家人的不同姓氏故事，可以回家分享啦！真开心！怎样满足孩子们的求知欲望，快乐地寻根问祖、传承姓氏文化呢？接下来我们将和孩子们一起进行一系列的探究活动……

活动二：“家庭姓氏”调查表

孩子们对自己的姓氏起源有了初步的了解，还发现了家人的不同姓氏故事，纷纷回家邀请爸爸妈妈一起看“学习强国”，探究姓氏文化。为了继续激发孩子们对姓氏文化的浓厚兴趣，更好地了解不同姓氏的起源，我设计了“家庭姓氏调查表”，让孩子化身为小记者，将调查表带回家，知道自己家庭中的姓氏有哪些，用图文形式记录自己的调查结果。

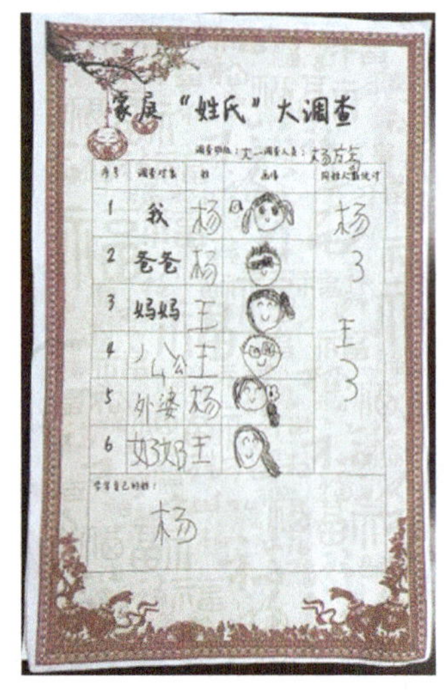
家庭"姓氏"大调查

序号	调查对象	姓
1	我	杨
2	爸爸	杨
3	妈妈	王
4	外公	王
5	外婆	杨
6	奶奶	王

杨3 王3

杨

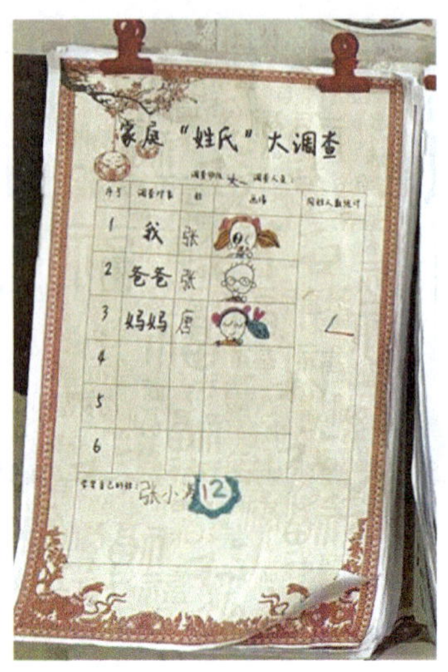
家庭"姓氏"大调查

序号	调查对象	姓
1	我	张
2	爸爸	张
3	妈妈	唐
4		
5		
6		

张小满 12

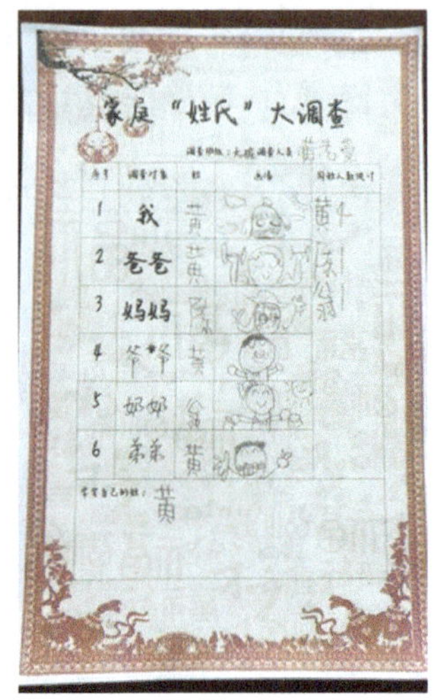
家庭"姓氏"大调查

序号	调查对象	姓
1	我	黄
2	爸爸	黄
3	妈妈	陈
4	爷爷	黄
5	奶奶	翁
6	弟弟	黄

黄

1. 分享介绍“家人姓氏”

杨旖：“我家有六口人，有3杨、3王。”

小满：“我家有三口人，我和爸爸姓张，妈妈姓唐。”

若萱：“我家也有六口人：4黄、1陈、1翁……”

2. 发现姓氏选取问题

小朋友们发现调查表里大多数都跟爸爸姓，爸爸跟爷爷姓，也有跟妈妈姓的。

李润修：“我姓李，我是跟妈妈姓的，我爸爸姓董。”

李林康：“我姓李，我跟爸爸、妈妈姓，我们都姓李。”

金鑫阳：“我姓金，我跟妈妈姓，哥哥跟爸爸姓。”

为什么有的人随父姓，有的人随母姓呢？我们一起上网查找了资料：大部分人，按照传统，孩子随父姓；时代不断进步，二胎家庭中二孩随母姓的也越来越多。其中《婚姻法》规定：关于孩子姓氏的选取，父母皆可。2021年1月1日生效的《民法典》，对姓氏问题有了新的规定：除父母姓氏外，可以选择其他姓氏：长辈姓氏、抚养人姓氏等。

老师的话 在调查活动中，孩子们通过图文形式记录自己的调查结果，和家人一起了解姓氏产生，姓氏是标记一个人的家族血缘关系的标志和符号，为家族延续的标志。

活动三：姓氏统计

知道了自己姓氏的来源，原来古人说的“三百年前是一家”是正确的！班上有多少“一家人”呢？

杨可平：“我和我妹妹杨可安，还有杨旖，有三个杨！”

邱子悦：“我和邱楚轩，两个邱。”

李温煦：“姓李的最多了！有四个！”

1. 记录班上“一家人”

有没有办法把它们合成一份记录，让大家一看就知道这是大一班全部小朋友的姓氏记录呢？

丁奕为：“用海报把我们的记录表贴在一起吧！”

方韫玮：“我觉得姚欣妍的记录最好看！”

张佑宁：“用排队的方法记录。一样姓的小朋友排一队。”

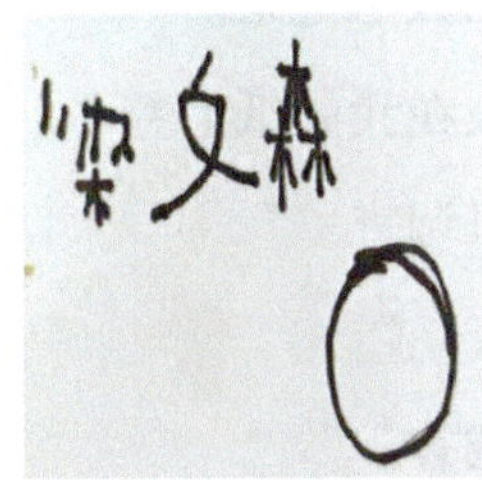

2. 计数统计方法

老师带来了一张格子布，可以把小朋友的记录结果都放在一起哦！

单伟杰：“我知道！涂格子！我看过姐姐做作业！”

钟桥北：“一人一个格子，同姓的排一起！”

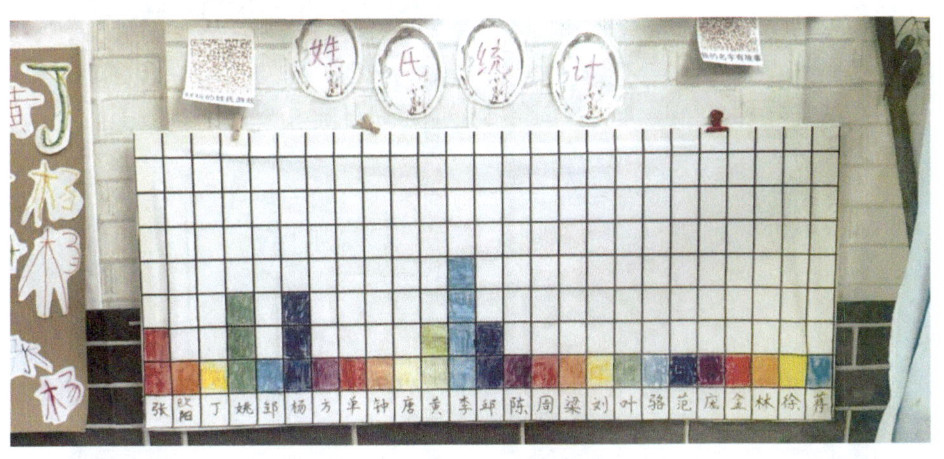

老师的话 每个小朋友都用自己的方式进行班级姓氏记录，有图画、汉字、数字方式，也有两种方式结合的记录方法。利用格子布引导孩子们对表格计数的统计方法有了

初步的认识，让幼儿尝试运用计数统计方法记录班上“一家人”的乐趣。

活动四：同姓一家亲

完成了班级姓氏统计后，大部分小朋友们没有在班上找到同姓的伙伴，提出了新的问题：我在班上没有同姓的一家人，怎么办？

刘悠扬：“小一班姣姣老师姓刘，他是我的一家人。”

欧阳瑞源：“我想去邻居班找找有没有一家人。”

唐誉涵：“我们去问问吧……”

1. 讨论调查对象、方法

邹予：“拿上我们的写生板，用数字记录。”

张小满：“可以让和我同姓的人在我的纸上签名。”

黄若萱：“我想去旁边的中一班调查。”

姚宇彤：“我想去妹妹的班调查。”

叶一然：“我们可以去很多班调查。”

2. 设计调查表

小朋友能不能设计调查表，把想要调查的内容都放进去呢？

骆靖平：“写上班级、写上数量。”

庞斯颖：“要先写上自己的姓。”

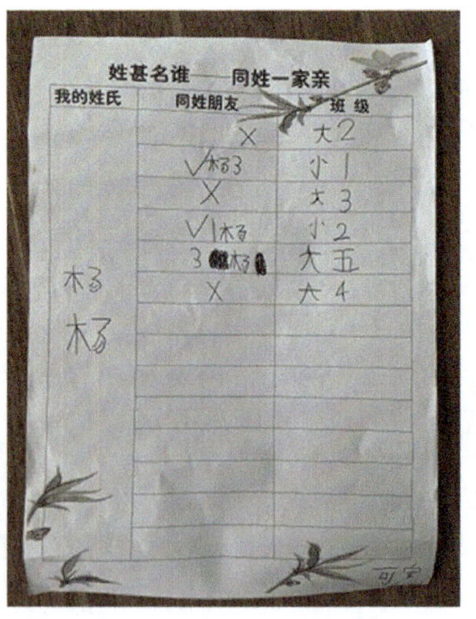

3. 调查行动

孩子们拿着一起设计好的调查表，开始了“同姓一家亲”调查行动。

老师的话 活动中，我们以幼儿为主体，打破了以往“老师设计，幼儿执行”的调查活动模式，鼓励幼儿大胆设计，把自己想要调查的内容表现出来。同时在活动中当孩子出现问题时及时捕捉，支持孩子发现问题、解决问题，收获经验。如：首站的大二班调查活动，遇到同学们在进区，自主地分小组进入调查：“请问你姓××吗？”并逐区一一落实；小一班小朋友听不懂哥哥、姐姐要做什么，较难配合调查活动，有的小朋友回班拿了姓氏卡再问弟弟妹妹：“请问你姓××吗？”还有小朋友直接问了姣姣老师：“请问你们班有几个小朋友姓××？”大三班调查活动中，发现了桌面、墙面有姓氏作品，直接点数记录。

活动五：我的名字有故事

姓名——姓氏+名，小朋友们知道了姓氏，知道自己的名的由来吗？大多数小朋友是不了解的。

1. 讨论名字的由来

黄若萱：“爸爸妈妈很爱我，就叫我若萱。”

周新悦：“我爸爸妈妈看到我很喜悦，就叫我新悦。”

邱楚轩：“我的名字是爷爷起的。”

张小满：“爸爸妈妈对我的出生，有小小的满意，就叫我小满。”

……

2. 调查表“我的名字有故事”

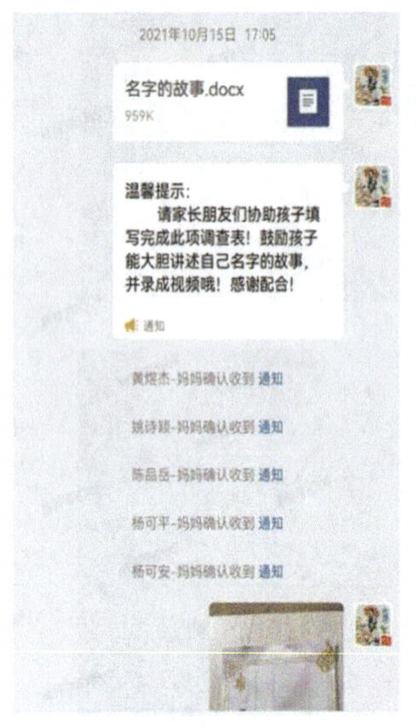

张小满：“爸爸妈妈有了我，非常满意。花未全开月未圆，最好人生是小满。”

李迎菲：“迎，迎接等待；菲，芳菲美好，我是爸爸妈妈大大的惊喜。”

陈品岳：“品岳，拥有美好的品德，像五岳三峰般沉稳。”

刘悠扬：“悠扬，来自《东江谣》，美丽的东江，我可爱的故乡，唱起那歌谣，悠悠扬扬！”

方韫玮：“韫玮，来自《论语》，蕴藏宝石。”

李润修：“润修，温润如玉，修身律己。”

姓甚名谁——我的名字有故事

我的姓名	张小满
谁帮我起的名字	爸爸妈妈
我的名字的由来	爸爸妈妈有 非常满意 花未全开月未圆

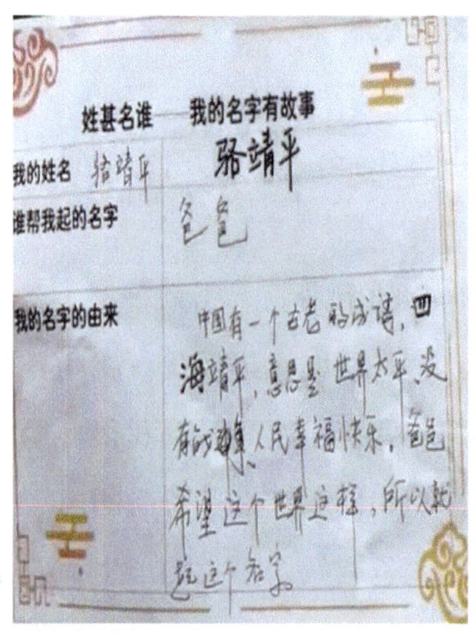

姓甚名谁——我的名字有故事

我的姓名 骆靖平	骆靖平
谁帮我起的名字	爸爸
我的名字的由来	中国有一个古老的成语，四海靖平，意思是世界太平，没有战争，人民幸福快乐，爸爸希望这个世界这样，所以就起这个名字

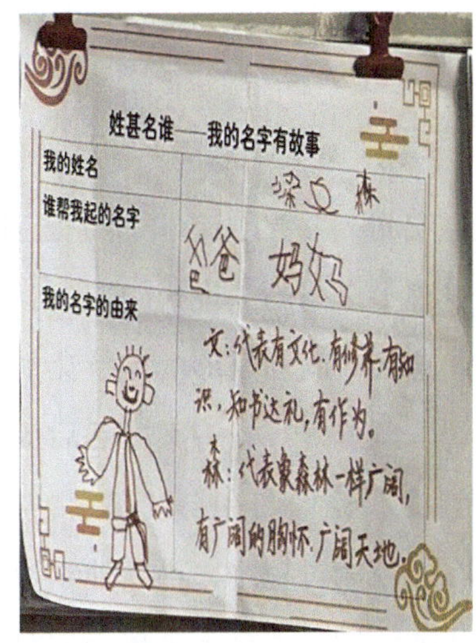

3. 分享与交流

每个孩子都带来了专属自己的姓名故事。通过分享自己的名字故事，深深地感受到父母长辈的爱。在交流、倾听中知道了同伴姓名的故事，将爱传递。

4. 姓名故事的梳理

姓名传承情意志，是家人的殷切希望与爱。我们根据孩子们的“名字故事”视频，梳理了名字故事，分成了四类：文化、传承、希望、纪念。

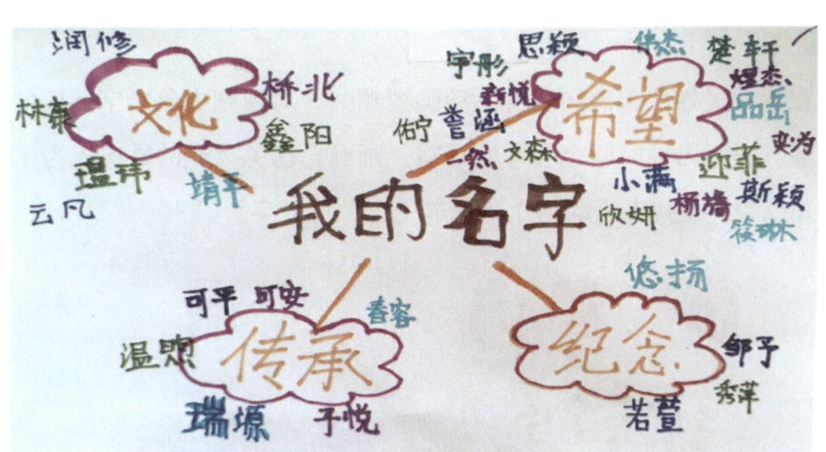

老师的话 在调查活动中，孩子们通过视频展示、图文记录调查表，与同伴分享了自己的名字故事。知道名字是家人送给自己的第一份珍贵礼物，名字是每个人的专属符号，蕴含着父母长辈对自己的期望与爱。

中期思考

在“姓甚名谁””的课程开展中，孩子们表现出来的学习能力和学习品质不断提升。在这个过程中，当幼儿发现问题时，我们不急于帮忙解决，而把引导孩子进行问题梳理，给予一定的时间和足够的支持让幼儿通过师幼、幼幼、亲子不同形式的互动如查找资料、采访、调查等寻找答案，然后提供让幼儿分享交流的平台，让幼儿充分地自由讲述和发表意见，让他们在自主探索、相互分享中学会运用已有的经验解决真实的问题。孩子们在探究的过程中，不断地学习，慢慢地了解到了姓氏文化，对姓氏文化传承也有了进一步的认知。那接下来孩子们对什么感兴趣，还可以从哪些方面深入学习？在这一阶段的课程开展中，孩子们产生了以下几个问题：

（1）同名同姓的人多吗？

（2）怎样设计名字画？

（3）有好玩的姓名游戏吗？

……

我们将继续跟随孩子的问题，不断地给予支持、提供条件，让孩子们在探索中自主学习。

活动六：三十六个字

孩子们在观看《姓氏起源知多少》动画视频时，对视频中象形字姓氏的字形字义解析非常感兴趣。餐后书画时间也会开始写写、画画自己感兴趣的姓氏。为了满足孩子们象形字的求知欲望，我找来了动画片及绘本《三十六个字》。

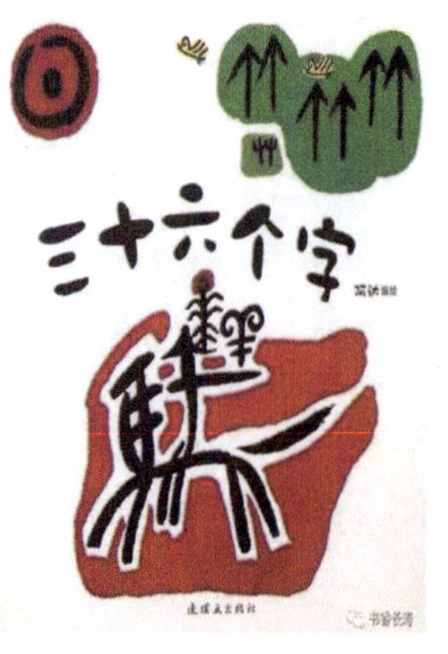

1. 象形字的造字方法

孩子们通过欣赏视频、绘本中的中国古代象形字的造型美感，纷纷做起了书画记录。

清晨，太阳升起来了，照亮了青山秀水。

一片乌云飘来，下起了滂沱大雨，伞下多么悠闲。

2. 书画象形字

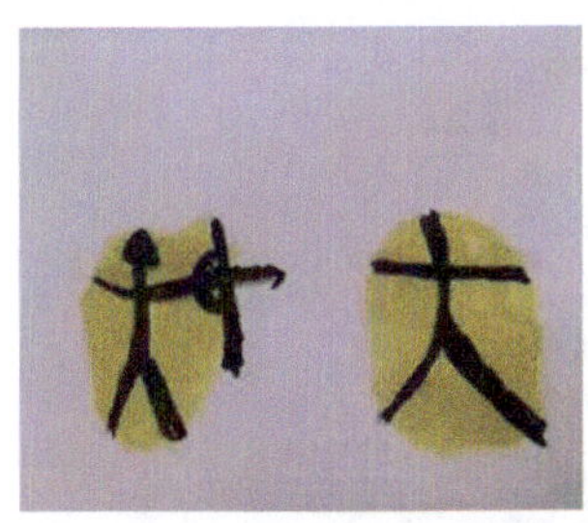

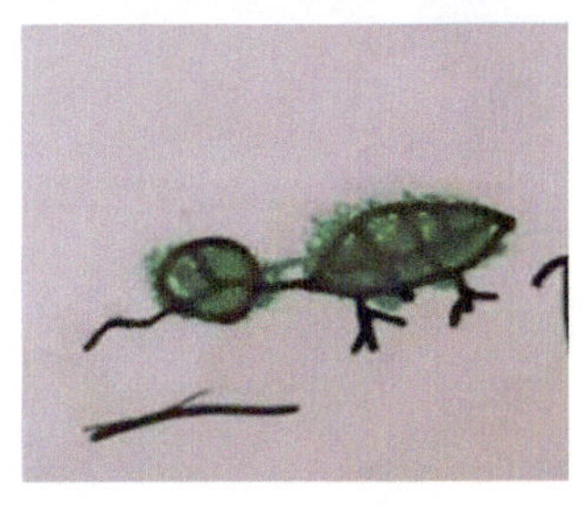

老师的话 在活动中孩子们了解了象形字的造字方法，细致观察并进行大胆地猜想

与讲述。认识简单的象形文字，能与对应的现代文字进行匹配，为创作自己的“象形名字”作品打下了基础。

活动七：象形名字

有趣的象形字引起了孩子们的浓厚兴趣！了解到象形字的造字方法，个个跃跃欲试。抓住孩子们的兴趣点，结合“姓甚名谁”课程，孩子们从自己的姓名开始尝试，创造自己的象形名字。

1. 独一无二的象形名字

邱子悦：“爸爸妈妈经常签名，我也要学会签名。”

金鑫阳：“我的名字笔画很多，我想试试用象形字的方法来表示。”

欧阳瑞源：“象形字很有趣，我想创造属于我自己的象形字。”

2. 分享交流

邱子悦：“这是我的象形名字，蚯蚓——邱，房子里1个孩子——子，我很喜悦！”

张小满：“弓箭——张，小小爱心——小，满字里有‘小草’‘水滴’‘两个人’。”

钟桥北：“闹钟，小桥，水流——钟桥北，北为水。”

杨可安：“可爱的绵羊——杨，可乐——可，安静睡觉——安。”

老师的话 每个小朋友对自己的姓名都有了深入的了解，进行名字的象形字创作都很有自己的想法、创意。能运用课程活动“姓氏起源”“名字故事”“三十六个字”中收获的经验，完成自己独一无二的“象形名字”作品。

活动八：名字中的诗情话意

在“我的名字有故事”活动，孩子们的姓名故事蕴含了文化、传承、希望、纪念，还为此收获了古诗词、成语、歌谣等等。为了更好地抓住这个教育契机，我设计了调查表“名字中的诗情话意”，来一场爸爸妈妈和孩子的学习探究活动。

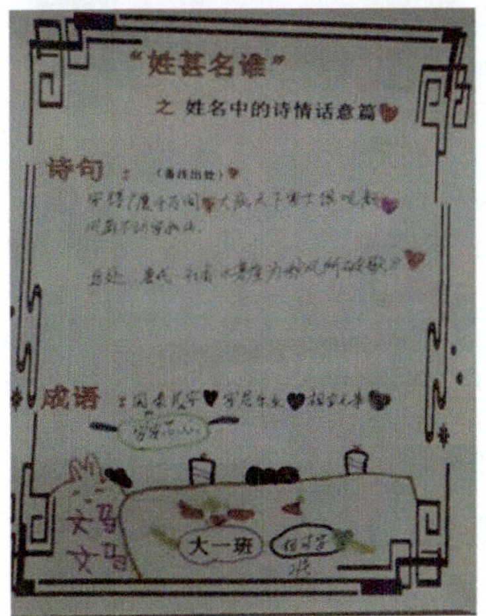

分享交流

邱子悦："我的名字出自《诗经》：'死生契阔，与子成说。执子之手，与子偕老。'"

黄若萱："我找到杜甫的古诗《绝句》'两个黄鹂鸣翠柳'，有我的姓氏。"

杨旖："爸爸说，他很喜欢古诗《江村睡醒》'梅香方旖旎，松影正朦胧'。所以我名字叫杨旖。"

杨可安："我的名字出自杜甫'安得广厦千万间，大庇天下寒士俱欢颜'。是爸爸妈妈对我的祝福。"

老师的话 在"名字中的诗情话意"调查活动中，家长和孩子们一起，学习了和姓名有关的古诗、成语，让每个小朋友对自己的姓名都有了深入的了解，也掀起了班级里学古诗的风向，孩子们在班上和家里进行吟诵古诗打卡展示。

活动九：姓氏歌

"姓甚名谁"系列课程活动开展以来，孩子们对自己的姓名有了深入的了解，怎样延续孩子们对姓氏文化的探究兴趣，我和孩子们一起寻找，用歌谣、游戏、绘画的有趣的活动继续收获知识经验，传承姓氏文化。

1. 欣赏《姓氏歌》

你姓什么？我姓李。什么李？木子李。

他姓什么？他姓张。什么张？弓长张。

古月胡，口天吴，双人徐，言午许。

中国姓氏有很多，赵、钱、孙、李，周、吴、郑、王，

诸葛、东方，上官、欧阳……

2. 我介绍的方法

（1）拆字法

钟桥北：“我姓钟，金中钟。”

（2）比照名人

欧阳瑞源：“我姓欧阳，欧阳修的欧阳。”

（3）自创

丁奕为：“我姓丁，甲乙丙丁的‘丁’。”

3. 儿歌对答游戏

孩子们2人或3人一组，进行自我姓氏介绍：双圆舞形式进行问答游戏，孩子们轮换问答对象。

老师的话《姓氏歌》是一首有关姓氏的儿歌，以问答形式，知道了解常见姓氏的写法。学习自我姓氏介绍的方法，让别人在最短的时间记住自己，能提高表现力，更能增强自信！

活动十：名字变变变

班上小朋友标记学号、姓名的时候，总喜欢进行装饰，进区记录表上、操作单上，都会涂涂画画上自己喜欢的标记。请孩子们来一场“名字变变变”，完成一幅自己的创意作品吧。

1. 装饰画的种类

张小满：“我们学习过线描装饰画。”

黄若萱：“我在画画班学过豆豆装饰画。”

姚欣妍：“我最喜欢轻黏土装饰画。”

张佑宁：“树叶、石头也可以装饰啊！”

2. 回忆线描装饰画的技能

3. 创作姓名装饰画

孩子们在美工区自由选择装饰画的种类，进行姓名装饰画创作。

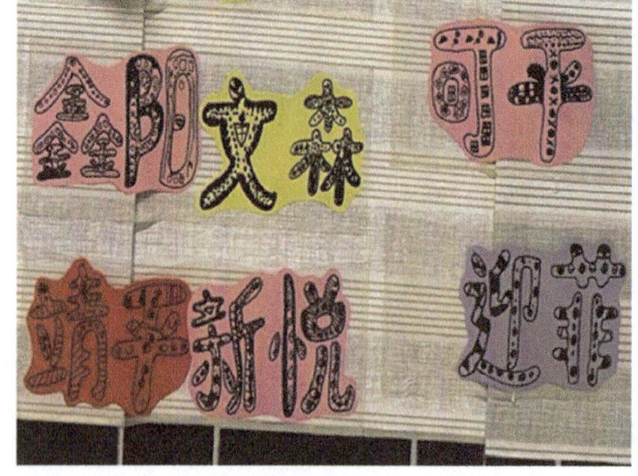

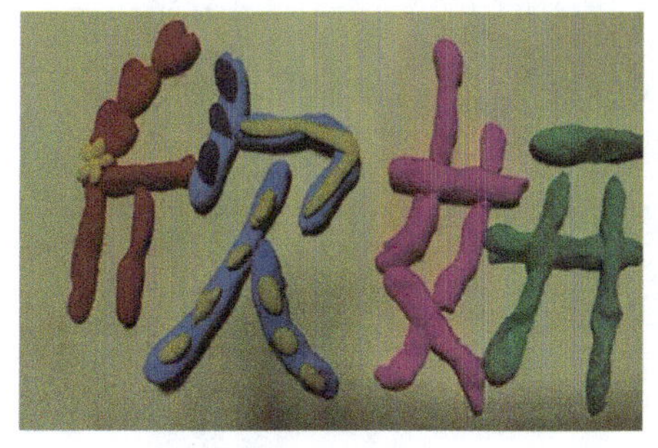

活动十一：名字茶点

孩子天性就喜欢涂涂画画，如果将姓名和美食配对，好玩、美味！爱上啦！让孩子们在区域活动中，自制美味姓氏茶点，再品一杯茶！有吃、有玩，不要太开心！

李迎菲：“我喜欢巧克力酱，做个巧克力姓名饼干茶点吧！”

欧阳瑞源：“抹茶味饼干配茶！太美味了！”

李林康：“我喜欢面包片，就在面包片上写上我的姓名！”

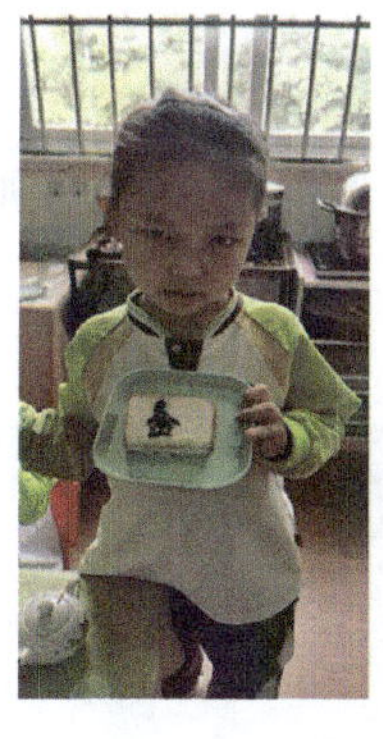

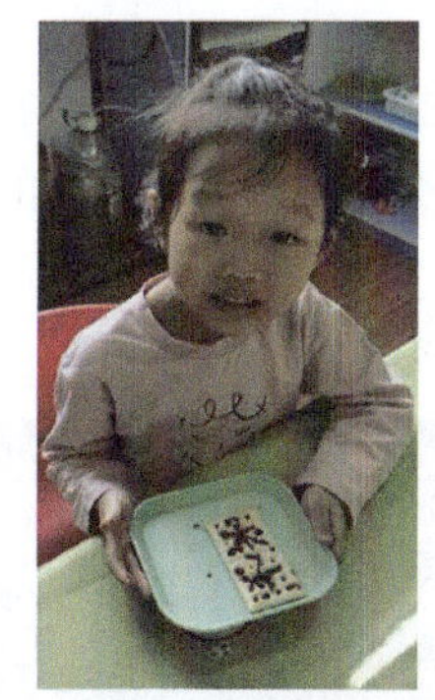

老师的话 孩子天性就喜欢涂涂画画，如果将姓名和美食配对，好玩、美味！爱上啦！让孩子们在区域活动中，自制美味姓氏茶点，再品一杯茶！有吃、有玩，不要太开心！

活动十二：撕名牌

对孩子们来说，吃喝玩乐是天性！玩中学、学中玩的孩子们是最快乐的！孩子们知道哪些跟名字有关的游戏呢？娱乐节目上经常出现的撕名牌是孩子们最喜欢模仿的。快来一场有趣、安全的撕名牌游戏！

1. 撕名牌游戏

网红游戏撕名牌到底有多火热！小朋友为什么喜欢？知道它的由来吗？快跟老师一起百度吧！

2. 撕名牌游戏安全

丁奕为：“要有合适的场地，不能在地板硬的地方！”

邹予：“没有草地，到体能室吧！”

黄煜杰："铺上我们的地毯，在课室里可以游戏啊！"

钟桥北："不能压住对方，不让人起来，会受伤的。"

陈品岳："比赛前要相互作揖，文明比赛。"

老师的话 撕名牌游戏在电视上的娱乐节目中经常看到，孩子们也想尝试，道具准备、游戏规则、安全事项，孩子们都一一进行讨论、策划。游戏玩法也由一对一，变成小组搭配、挑战卫冕等形式！非常有趣！

活动十三：快乐拼拼拼

周一劳动日，我们一起到户外捡落叶、树枝，清理小石子。还能来一场拼画游戏，从室内到户外，快乐的游戏怎么也玩不够！

1. 大自然的馈赠

姚诗颖："我捡到了又香又美的桂花！"

姚欣妍："我喜欢小树枝，每根小树枝就像汉字的笔画。"

梁文森："我最喜欢除草了，还有捡叶子、小树枝。"

刘悠扬："我最喜欢树叶、树枝、石头玩游戏了！"

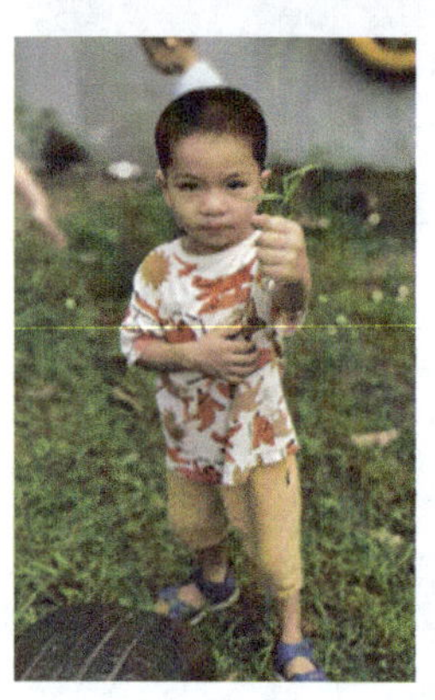

2. 快乐拼拼拼

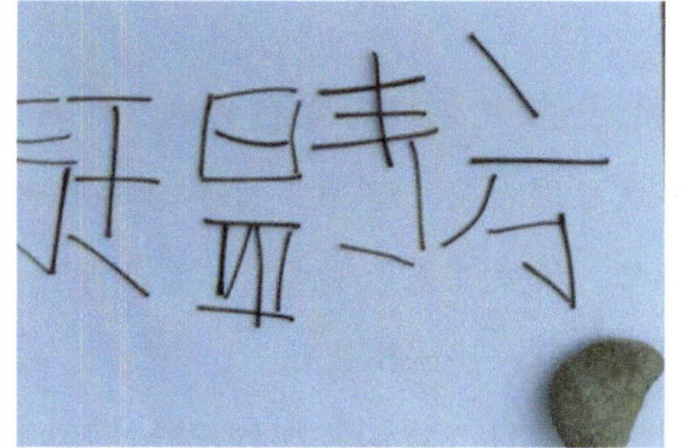

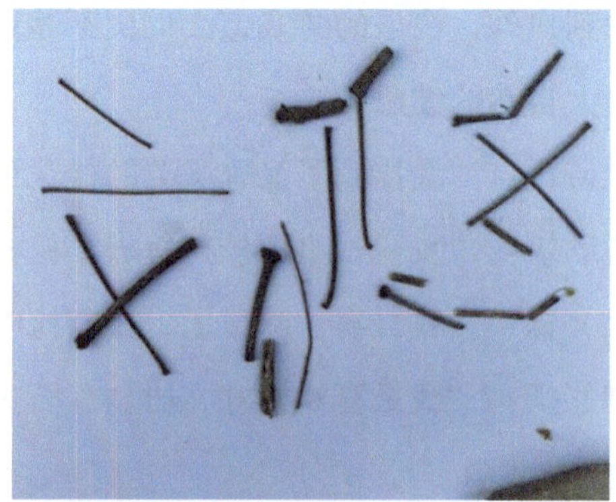

老师的话 大自然的一树一花一草一石，更是孩子们的最爱！大自然的艺术品好美！

活动十四：建构我的家

孩子们在建构区发现了可以利用各种材料搭建自己的姓名，太有趣了！建构活动也能和姓名游戏相融合哦！除了巧用建构材料，小朋友还能利用自己的同伴进行人体搭建活动呢！

1. 我们的发现

丁奕为："老师！我用垒高的方法建了我自己的房子！是'丁'字房！"

张佑宁："我要试一试！站不起来！那就用平铺的方法吧！"

单伟杰："我的也搭建起来了，用了架空、围合！"

2. 建构我们的家

姚诗颖："老师！姚屋来了！"

唐誉涵："这是唐家巷！"

丁奕为："老师，我想和唐誉涵用身体搭建我的丁字！"

单伟杰："我们也来试试！"

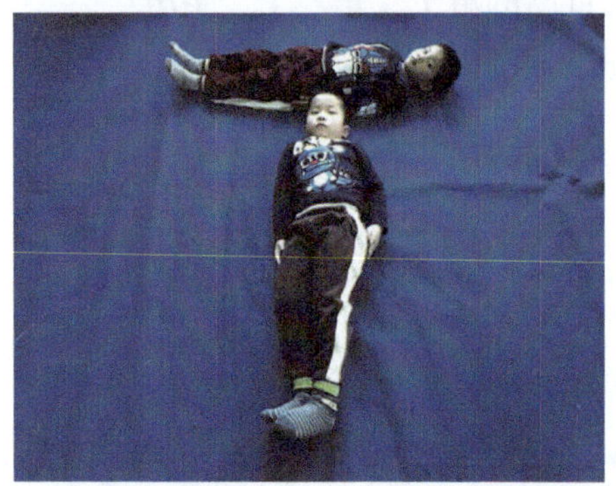

大吉

老师的话 姓名游戏创意无限，孩子们在快乐习得！快乐获得！

课程感悟

姓氏文化乃是中国民俗传统文化之缩影，是中国传统文化教育的重要内容部分。“姓甚名谁”课程来源于孩子的兴趣和学习需要，主要以姓氏文化资源为内容，通过了解姓氏的起源以及过程、自己名字的故事、寓意、姓氏游戏等，使幼儿在亲身参与体验操作的直观感知过程中激发他们对姓氏文化的好奇心和探究兴趣。活动的开展得到了家长的大力支持，他们纷纷提供可供幼儿学习的绘本和资料。

此次主题的开展有效整合了五大领域的内容，孩子们学习了有趣的姓氏、姓名故事，体验了快乐的姓名游戏，设计了精彩的艺术作品，在趣味、好玩、美味的各种课程活动中收获知识经验，收到了良好的教育效果，一是促进智力发展、根据大班孩子的发展水平和学习特点，在主题活动中选取了孩子感兴趣而且熟悉的姓名入手，使幼儿在认识和了解自己姓名的同时还能了解自己与身边的人的关系，通过各种调查、体验和操作活动，增强幼儿主动探究的能力，养成积极主动、好学好问的良好学习习惯，促进自身核心素养的发展。二是达成德育功效。通过选取班级幼儿的姓氏文化资源开展主题活动，使姓氏文化根植于孩子心中，孩子明白了父母对自己寄予的厚望，懂得父母祖辈的伟大，学会了用自己的行动感恩父母祖辈，了解自己的根脉，增强了对家庭、家乡和国家的认同感。三是发挥了美育功能。在主题活动中，孩子通过设计独一无二的名字、唱姓氏歌、玩姓氏游戏等活动，使幼儿在游戏中提高了艺术审美和人文素养，培养了幼儿感受美、欣赏美、表现美和创造美的能力。

实录二 神奇的中草药

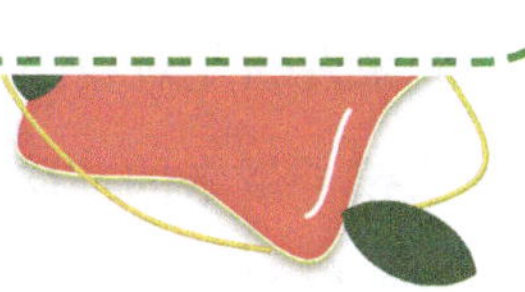

课程缘起

随着新冠肺炎疫情的发生与发展，国家卫健委以及各省、市、区出台了新冠肺炎中医药防治方案，中医药防疫得到社会的关注与认可。

暑假过后，孩子们畅谈着自己身边发生的趣事：

东东：“我回了我的老家河源，有很大很高的喷泉。”

睿睿：“我妈妈说疫情期间不能离开惠州。”

东东：“不怕，我妈妈还有一个法宝——防疫中药包，可以预防新冠病毒的。”

睿睿：“什么是防疫中药包？”

东东：“就是有很多中草药的。我明天带来给你们看看。”

在大家的期待中，第二天，东东小朋友带来了防疫中药包。大家迫不及待地要打开看一看，但这些草药孩子们都不认识，孩子们争先恐后地拿着一片片草药问老师：“老师，这是什么？”“蒲公英怎么是这样的？”“这些草药有什么用？”一系列的问题吸引了孩子探究的欲望，因此我们抓住了孩子的兴趣和问题，开展了此次主题活动。

前期审议

中医药文化底蕴深厚、是中国传统文化的重要组成部分，是中华文化的瑰宝。结合疫情防控下的生活，围绕孩子们引发的对“防疫中药包，可以预防新冠病毒”的讨论，把握其中的教育机会，在幼儿的一日生活活动渗透中草药文化，让幼儿自然地接触中草药文化。中草药文化博大精深，对于幼儿园的孩子来说太过深奥、抽象，因此，教师将以自然、童趣、适合幼儿的方式进行有效渗透，让幼儿在各种实际体验中，感受中草药的丰富性、实用性，也能在好玩、童趣又贴近生活的教育中了解中草药的药性、食用价值，能激发幼儿对我国中草药文化的崇敬之情。

从孩子带来的“防疫中药包”出发，我们开展了第一次的头脑风暴讨论“中药包里有什么？”教师鼓励孩子说出自己的想法，小朋友们说：“中药从哪里来？”“我认识的中药有什么？”“班上可以种中药？”“艾草是怎么变干的？”原来，孩子们对身边的中药有那么多想知道的。为此，我们梳理出孩子们对“神奇中草药”的探究线索，追寻孩子兴趣的脚步开展课程活动。

幼儿经验分析	材料提供	资源收集	教师知识准备
1. 大班的孩子对生活中常见的中草药有初步的认识，而且对中草药的生长充满了好奇。 2. 对中草药的功效及用途处于表面的认知	1. 提供相关中草药种植场地。 2. 草药晾晒工具及记录表、中草药相关绘本。 3. 各种常见的中草药实物	收集相关中草药资料、中草药包、参观中草药种植场地	1. 购买中草药百科书籍，了解常见的中草药相关知识。 2. 了解中医药文化历史

核心素养	主题目标
人文底蕴	1. 能专注地阅读中草药图书；喜欢与他人一起谈论中草药图书和故事的有关内容。 2. 对身边常见的中草药感兴趣，了解一些中草药相关的简单知识。 3. 能够说出一些基本的重要名称以及常见中草药的基本作用。 4. 能用多种工具、材料或不同的表现手法设计中草药买卖规则。 5. 乐意用表情、动作、语言等方式表达和分享自己对中草药文化的理解

续 表

核心素养	主题目标
科学精神	1. 能自己制订“中草药”调查计划并执行。 2. 能通过观察、比较、统计的方法了解常见中草药的生成、加工等知识。 3. 对自己身边常见的中草药感兴趣，喜欢摆弄中草药
学会学习	1. 对常见的中草药感兴趣并能仔细观察，发现其特征和功效。 2. 在成人的指导下，能使用手机利用互联网获取中医药的知识
健康生活	1. 能主动发起中草药种植、晾晒活动或在活动中出主意、想办法。 2. 能根据自己的兴趣选择制作不同的草药包
责任担当	1. 了解中草药与人们健康生活的关系。 2. 了解我国中医药文化的博大精深、萌发幼儿对中医药文化的兴趣，增强民族自豪感、自尊心和自信心
实践创新	1. 能用图画、表格或其他符号对中草药文化进行记录和分享。 2. 能学会与他人合作探索中草药知识并独立解决游戏中产生的问题

课程内容

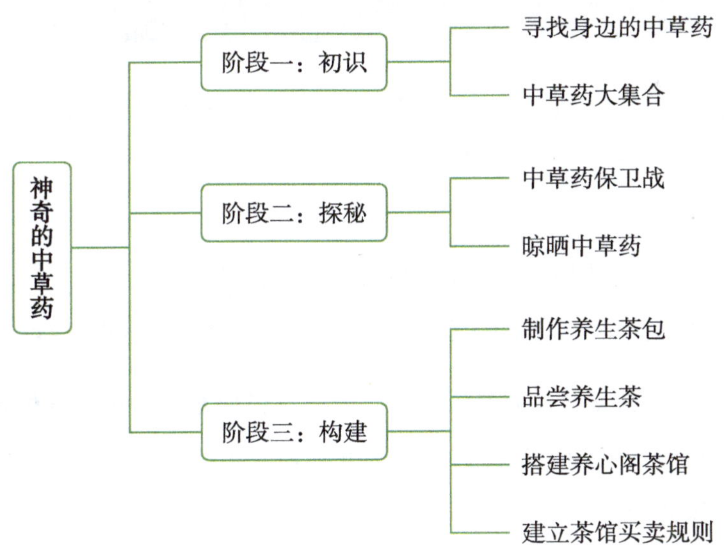

活动一：寻找身边的中草药

中草药并不遥远，我们身边有许多东西都是中草药，那么幼儿园里有没有中草药的身影呢？我们一起去寻找中草药的身影吧！

幼儿园草地上有许多植物，有的叶子是锯齿形的，有的是圆形的，有的是长长的，有的是椭圆形的，那么哪些才是中草药呢？

“我知道这是艾草。”

“我也认识艾草，不就是我们端午节做艾草包用的艾草吗？”

大家都表示认识艾草，其实幼儿园的中草药不止这些，那我们继续探秘吧！

老师的话 孩子们根据自己的经验表达了千奇百怪的想法，他们确信自己说的是正确的！孩子们的想法非常有趣，但他们的想法是否真的正确呢？接下来我们将和孩子们一起进行一系列的探究活动……

活动二：中草药大集合

由于孩子们对中草药的认识比较欠缺，我们设计了一张“探秘中草药”的调查问卷，孩子们带着这张调查问卷，回家寻找更多的中草药，孩子们将这些中草药带来幼儿园，在班上分享自己认识的中草药。

孩子们在交流中发现中草药有红有绿、有硬有软，闻起来有酸有甜。

老师的话 活动中，我们发现让幼儿生动地感知，才能更清晰地了解中草药，因此我们主要采取感知为主的教育策略，让幼儿通过寻找观察中草药，用五官感受朦胧抽象的知识。

活动三：中草药保卫战

“我画的是人参！”

“我上次在幼儿园也挖过人参。”

“你挖的才不是人参，老师说了惠州不适合种植人参。”

那么惠州适合种植哪些中草药呢？孩子们跟家长一起寻找惠州适合种植的中草药！

浩浩小朋友带来了一盆艾草跟车前草，说要跟朋友一起分享自己家里种植的中草药。“我们一起照顾它们吧！”“我也想要种中草药。”由此，种植中草药活动便在大三班拉开了序幕……

选址：有的小朋友说在课室种植，有的说在走廊，有的说在后花园，有的说在班级三角区。经过大家投票决定：选址在班级三角区。

三角区优点：阳光充足，没有紫外线的辐射；离班级近，可以随时观察。

种植：孩子们纷纷带来了种子、中草药苗等进行种植活动。虽然孩子们都精心地照料着，但还是有些种子没有成功发芽，中草药苗倒是基本都长大了不少。最后，那些种子没有发芽的决定带中草苗来种植。

在孩子们的精心照料下，中草药苗们跟着孩子一起成长着。

活动四：晾晒中草药

秋天到了，种植的中草药都结了“种子”，浩浩小朋友带来的艾草也长成了“参天大树”。小朋友观察着自己种植的中草药，“哇，瞧！这里有种子”。“我的艾草好高啊，比我还要高！”“但是为什么这些艾叶是绿色的，而我们带来的艾叶是褐色的呢？”“因为这是生（新鲜）的，我们带来的艾叶是干的。”“怎么变干的呢？”“烘干机烘干的！”“晒干的！”“烤干的！”“洗衣机甩干的！”“哈哈哈哈哈……”孩子们笑成了一团。

老师的话 孩子们发现了新鲜的艾叶和干的艾叶之间的不同，并且都很好奇艾叶是怎么被晒干的，秋天正好适合晾晒艾叶，那么我们一起追随孩子的好奇心，晾晒我们种植的中草药吧！还有哪些可以当作中草药来晾晒呢？我们“晒”起来吧！

中期思考

在“神奇的中草药”课程开展中，从认识中草药到种植中草药，孩子们的动手能力和学习能力得到了很大的提高。在这个过程中，当幼儿产生疑问时，我们不急于告诉答案，而把球抛向幼儿，给予一定的时间和足够的支持让幼儿通过师幼、幼幼、亲子不同形式的互动如查找资料、做亲子采访等寻找科学的答案。然后提供让幼儿分享交流的平台，让幼儿充分地自由讲述和发表意见，让他们在自主探索、相互分享中学会运用已有的经验解决真实的问题。孩子们在探究的过程中，不断地学习，了解了中草药的品种、药性，对中草药也有了进一步的认知。那接下来孩子们对什么感兴趣，还可以从哪些方面深入学习？在这一阶段的课程开展中，孩子们产生了以下几个问题：

（1）什么是中草药？

（2）中草药是哪里都可以种植吗？

（3）为什么新鲜的和晾晒的中草药看起来是不一样？

……

我们将继续跟随孩子的问题，不断地给予支持、提供条件，让孩子们在探索中自主学习。

活动五：制作养生茶包

一天，韵霖问："晾晒好的橘皮，我们能泡水喝吗？"

"不知道啊，我们去问问老师吧！"

经过查找资料，孩子们都知道中草药晾干是有不同的药用价值的，也并不是谁都适合喝的，那么我们可以喝哪些养生茶呢？我们根据中草药的药性，一起来搭配养生茶包吧！

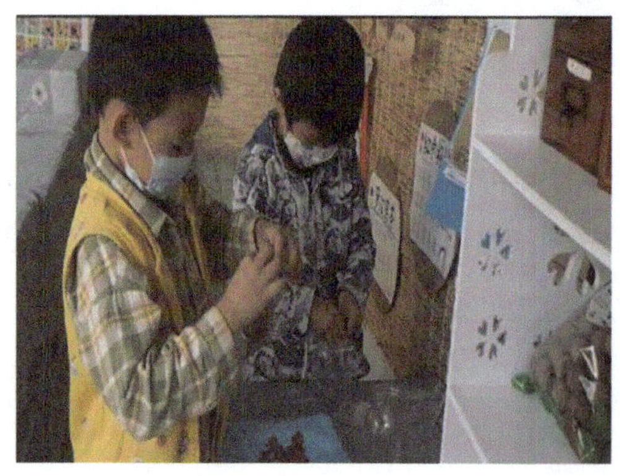

老师的话 课程源于孩子，自己晾晒中草药成功了，孩子们非常有成就感，都很想品尝，但是并不是所有的中草药都适合孩子喝，究竟哪些比较合适呢？我们先从研究养生茶包开始吧！制作养生茶包过程中让孩子知道了常见中草药的搭配，并知道一些常见中草药的药性，饮茶的注意事项。

活动六：品尝养生茶

制作好了养生茶包，孩子们都带回家跟家里人一起饮用，有一天，子睿说：“我今天要在起居阁泡我制作的养生茶包。”（起居阁即生活区，起居阁放置了茶具，供孩子们泡茶饮用）接下来的几天，孩子们都在起居阁泡着养生茶，起居阁成了最近孩子们最喜欢进的区域，每次泡的养生茶小朋友都很想品尝，但是茶杯不够，茶具也不够大到供全班的量。

老师的话 品尝养生茶已经开始一段时间啦，但每次都只是孩子们将自己搭配的养生茶泡好，倒进一次性杯子给同伴们饮用。“老板，给我来杯茶。多少钱？”这道声音让我们挖掘出了更有趣的玩法，我们决定将养生茶玩起来。

活动七：搭建养心阁茶馆

养生茶该怎么样玩？孩子们各抒己见：“我妈妈带我去喝过奶茶，是有老板的。”“还要有钱。”“用微信支付也可以。”“还要有奶茶杯。”“还要有坐着喝茶的地方。”……孩子们畅所欲言，结合孩子们的答案，我们开始搭建养生茶馆。

老师的话 活动中，我们以幼儿为主体，抛出一个问题，鼓励幼儿自由回答，把心中的所想大胆说出来。同时在活动中当孩子出现感兴趣的问题时及时捕捉，顺利地延伸到下一活动中或生成更丰富而生动的内容。

活动八：建立茶馆买卖规则

养心阁搭建起来后，一开始是只要想买茶的就自己拿钱（代金券）去买茶喝，这样玩了几天之后，发现排队买茶喝的小朋友越来越少了。

教师思考：为什么会出现这种现象呢？我们每天泡的茶都是不一样的，孩子们应该会很有兴趣喝的啊！经过老师们分析，或许是孩子们对容易得到的东西不会珍惜引起的，那么我们试一试换一种玩法——集赞兑换钱币，然后用钱币来购买养生茶。

因此，经过老师与孩子的共同商讨，建立以下游戏规则：集赞（早到园、认真完成工作、遵守班规可以集一个赞）—兑换钱币（三个赞兑换一块钱）—购买。

没想到简单的改变，我们的养心阁的生意又开始火起来了。

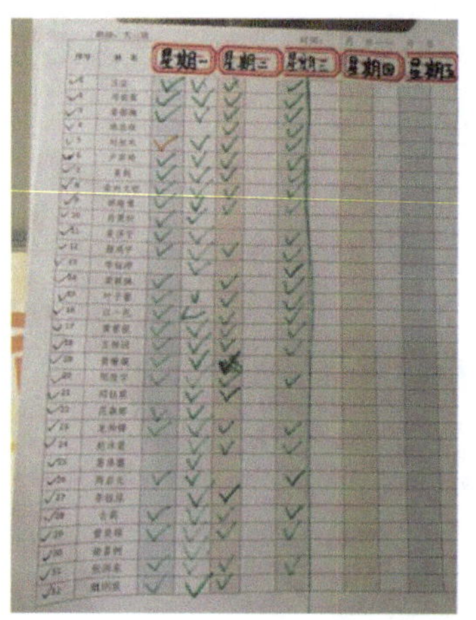

课程感悟

在课程开展过程中，孩子们通过各种活动了解了一些粗浅的中草药知识，感受了中医的博大精深，促使幼儿各方面得到了发展。一是促进智力发展。遵循幼儿的学习特点和认知发展水平，以生活中常用的中草药作为切入点，使幼儿在认识常见中草药的同时还能了解中草药与人们健康生活的关系，知道中药能治病救人。二是提升学习能力。通过各类观察、体验与操作活动，增强幼儿主动探索的能力，养成积极主动、好学好问的良好学习习惯。三是提升文化自信。通过选取独特的中医药文化资源深入到幼儿的一日活动中，将“信中医、爱中医、用中医”的理念根植在孩子心中，使幼儿热爱家国的情感得到升华，更增强了民俗文化的认同感和民族自豪感。四是传播健康理念。在班级区域开设养心阁茶馆，让幼儿通过制作、品尝养生茶包，养成健康良好饮食的习惯。五是树立正确的劳动价值观。班级开设的植物角为孩子们进行草药的种植、养护、采集、晾晒提供了良好的条件，幼儿亲自动手参加各类与草药相关的制作等活动，增强了幼儿的劳动观念，从中明白到唯有辛勤的劳动才能有所收获的道理。通过“神奇的中草药”这一课程活动，中草药的种子在孩子们的心中慢慢萌芽，中医药文化浸润每一个孩子的心灵，培养有中华之情、乐于探究、善于合作、快乐学习的新时代儿童。

第二章
科学精神

实录一 叶脉提取记

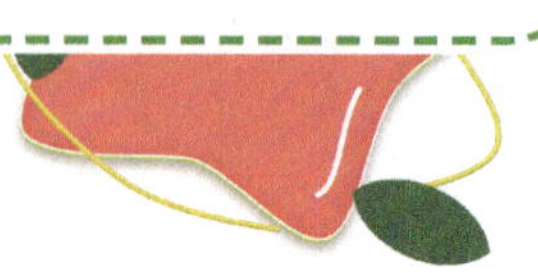

课程缘起

《3—6岁儿童学习与发展指南》中指出：幼儿喜欢接触大自然，对周围的很多事物和现象感兴趣，经常问各种问题……秋天是落叶的季节，周一带孩子们户外活动时，操场上铺满了落叶，孩子们发现幼儿园里的树发生了大变样，“有的树上结满了果子，有的树上却光秃秃的，树上只有几片叶子，树下还飘满了落叶”，于是，孩子们欣喜地捡起落叶在讨论着：

想言：“你看，这棵树的叶子只有一点点了。”

灏灏：“你看，我捡的叶子好像小船。”

叶航：“我捡的树叶是黄黄的，有点碎了。”

子鸣：“我捡的小叶子像扇子一样。”

梓甯：“我捡的叶子黑黑的。”

梓甯：“这棵树摸起来粗粗的、硬硬的。”

心妍：“这棵树比较大，因为它长得很高？”

……

小朋友们纷纷对这操场上的树产生了好奇，借此开展关于大树的一系列课程。

前期审议

大自然是美丽的，大自然是神奇的，它有许许多多的秘密等着人们去探索、去发现。而孩子更是对大自然充满了好奇，每时每刻都会观察到大自然的千姿百态，感受到大自然的千变万化。在大自然中，幼儿可以自由地玩沙、玩水、玩泥，与自然的环境相融合，也就激发他们在自然环境中不断地寻找采集他们所需的材料，如花卉、树枝、树叶、果实、松果、鹅卵石等等。让孩子亲近大自然，体验发现的乐趣、游戏的乐趣和劳动的乐趣。大自然是孕育生命的摇篮，是生命教育的最佳导师，而幼儿园作为大自然的一个缩影，是幼儿认识自然、探索自然的窗口。户外活动我们和孩子们相约幼儿园小树林，小朋友们从“你好，树先生”开始，发现树有高的、有矮的……有的孩子发现地上有好多落叶，便纷纷捡起落叶，经过孩子们发现叶子上有好多的“线”，可以看出孩子对其充满探究的欲望。但孩子们对叶脉的认识只是一个图片形式，没有叶肉，只剩下叶脉，孩子们都觉得好神奇，都想深入探究如何制作叶脉书签。为此，我们梳理出孩子们对“亲亲自然——叶脉提取记”的探究线索，追寻孩子的脚步开展此课程。

前期准备

幼儿经验分析	材料提供	资源收集	教师知识准备
1. 对自然中的大树、落叶感兴趣，喜欢观察、探索。 2. 缺乏对自然事物的深入探索经验，对事物处于片面的认知	1. 提供探索测量的工具（绳子直尺、卷尺、布尺等）。 2. 提供叶脉提取需要的牙刷、小苏打、锅等工具	1. 与孩子一起收集各种叶脉提取方法。 2. 阅读收集有关大树秘密的绘本	查找相关资料，先深入了解大树的年轮、叶脉的秘密及提取，为本次课程探究预设研究目标

课程目标

核心素养	主题目标
人文底蕴	1. 具有艺术表达和创意表现的兴趣和意识，能在树叶的创意中拓展和升华美。 2. 有意识地用发现、感知、欣赏、评价等方法去体味品评，培养健康的审美情绪
科学精神	1. 能对不同叶子的叶脉进行观察比较，发现其相同与不同。 2. 能用一定的方法验证自己的对叶脉提取的猜测。 3. 能不畏困难，坚持找出提取叶脉的有效方法，有坚持不懈的探索精神。 4. 具有初步的探索能力；在探索中认识大树的秘密。 5. 在成人的帮助下能找出叶脉的提取方法，在实验中能与他人合作与交流
学会学习	1. 对感兴趣的树叶能仔细观察，发现其明显特征。 2. 尝试动手动脑探索测量大树、提取叶脉，并乐在其中
健康生活	1. 情绪稳定，能勇于克服困难，主动接受新事物，承认并敢于面对挫折。 2. 在多次的实践中，具有达成提取叶脉的持续行动力
责任担当	1. 喜欢接触大自然的树木和叶，具有初步的探究能力。 2. 用积极的态度看待实验结果，为自己的成功感到骄傲和自豪
实践创新	1. 敢于尝试有一定难度的活动和任务。 2. 合理、友好地寻找解决问题的多种方法，寻求测量大树合适的工具

课程内容

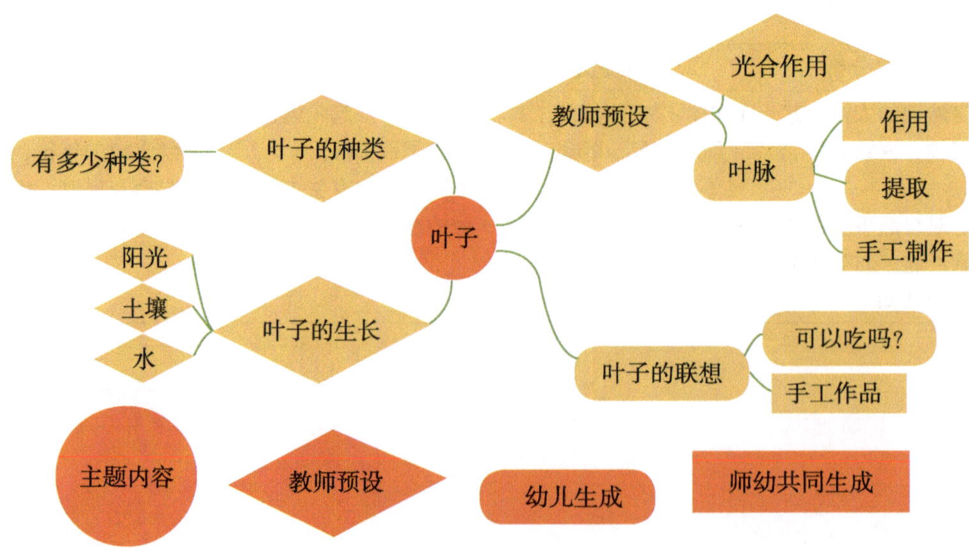

活动一：你好，树先生

在一次户外活动中孩子们发现幼儿园里的树发生了大变样，“有的树上结满了果子，有的树上却光秃秃的，只有几片叶子，这是为什么呢？”随着孩子们的兴趣，我们在“亲亲自然”的主题下开展了“你好，树先生”主题探究活动，让孩子和大树亲亲，和树儿嬉戏，找一找幼儿园里各种各样秋天的树、探一探树儿的秘密，通过直接感触、亲身体验，在秋天里和树先生度过了一段美好的时光。

安安：“这棵树的树皮是凹凸不平的！”

子稀：“我看见有高高的树。”

佳婧：“我发现有的树上有果子。”

正豪：“幼儿园有百香果树。”

铭灏：“有的树粗粗的。”

老师的话 幼儿园里面有很多各种各样的树，孩子们对这些大大小小的树，总有很多的疑问……在这过程中我们用照片进行了记录，并继续探究。

活动二：年轮的秘密

那么大树到底几岁了？于是他们又开始想办法了解真相……

1. 讨论大树到底几岁了？

想言：“我发现有的树干很粗，有的树干很细，我很想知道它们几岁了？”

子鸣：“有几根树枝就代表它几岁吗？”

延森：“我看到树上有一圈一圈的。”

梓甯：“树干越粗，年龄就越大。”

心妍：“老师，是不是大树越高年龄越大啊？”

2. 阅读《树木的年轮》绘本

经过讨论后，孩子们决定邀请班上的老师一起来解答……

于是老师利用《树木的年轮》的绘本课件与孩子分享了锯开的树木的横断面上长着一圈一圈的印痕，这就是树木的年轮，数一数大树横断面上有多少个圈，就能知道这棵树生长了多少年。

3. 发现大树的年轮

户外游戏时，当发现小花园的草丛中横躺着两段树干时，几个孩子立即上前，一起兴致勃勃地去数年轮，“让我数数，1、2、3……”

我们的发现：活动中，我们发现儿童有着与生俱来的好奇心和探究欲望，好奇、好问、好探索是幼儿的年龄特点。当得知年轮是判断树的年龄的依据时，孩子们对大树的探索欲更强了。幼儿是主动的学习者，教师是观察者、支持者。让孩子们自己去发现，对孩子们来说印象更为深刻。当然在数年轮的过程中，我们也发现孩子们的点数能力参差不齐。有的孩子只能点数10以内的数，有的孩子能数到20以外。为此，我们在孩子们的区域游戏等活动中加强了点数内容，提高孩子们的点数能力。

活动三：测量大树

1. 讨论大树有多高，有什么测量方法呢？

攸攸："我们可以找一把高高的椅子，站在上面，用卷尺测量。"

佳妤："找到一根长长的竹竿，当作尺子来测量。"

励志："可以拿尺子。"

悦欣："可以用绳子来比一下。"

2. 投票选出最适合的测量方法

将孩子们的方法记录下来，通过投票的方式让孩子们一起选出了最适合用的测量方法：

（1）绳子

（2）直尺

（3）卷尺

（4）布尺

3. 第一次测量

孩子们第一次使用布尺测量大树，几个人一起合作将布尺绕在大树上，站在边上的小朋友提醒到，尺子斜了，好不容易将皮尺调整好，但是因为选择的布尺是正反两面都有数字的，一面是米尺，一面是公尺。两个不同的单位对应的数字也相差很多，结果孩子们记录下来的数据相差很大，明明两棵差不多粗的树，一棵是一百多，另一棵却只有四十几。在发现问题后，孩子们决定重新测量一次。

4. 第二次测量

孩子们在美工区发现了丝带绳子，于是又用绳子进行了一次对比测量。将绳子围在大树树干上，用记号笔画上标记，然后进行对比。这种方法受到了大部分幼儿的欢迎，大家都抢着要来试一试。看来，用绳子来进行对比测量，对于中班的孩子而言更直观易懂一点。

老师的话 中班的孩子能感知和区分物体的粗细、轻重等量方面的特点，并能用相应的词语描述，能力较强的幼儿已能初步理解量的相对性，在这个活动过程中，我们支持幼儿参与整个测量过程，在试错的过程中引导他们发现问题、分析问题和解决问题。

活动四：寻找叶子

一场雨过后，幼儿园里的树叶落了一地，户外活动的时候一个孩子捡了一片叶子并将它带回了教室，孩子们围着这片叶子叽叽喳喳讨论。

1. 表达想法

朗朗："我也想去捡。"

灏灏："我们也出去捡漂亮的叶子吧。"

攸攸："我刚在操场也看到一片很漂亮的叶子。"

励忞："老师，佳妤捡到一片叶子了，我也想出去捡叶子。"

2. 讨论叶子

看着孩子们对树叶浓厚的兴趣，我们就一起来到了操场上捡树叶。

叶航："我的树叶是黄黄的，有点碎了。"

子鸣："我捡的小叶子像扇子一样。"

梓甯："我的叶子黑黑的。"

老师的话 我们充分利用自然资源、走出去欣赏美丽的秋叶，通过活动，引导幼儿关注周围的事物，感受秋天的美，对树叶有了更直观的认识。

活动五：探秘树叶

为什么树叶的颜色会随着季节的变化而变化呢？为什么到了秋天树叶会落下来呢？小小的树叶原来有那么多的秘密，孩子们交流讨论树叶的不同特征。

悦欣：“树叶的颜色有好多啊，红的、黄的、绿的……”

恩宇：“有的树叶好像扇子一样，也可以扇风呢。”

子稀：“叶子有好多刺啊。”

老师：“小朋友们，树叶是由叶柄、叶脉、叶缘、叶肉组成的。”

奕程：“原来叶子上像我们小手一样的纹路，是叶脉。”

安安：“叶子从树上掉下来，没有了营养，就会慢慢变黄、慢慢枯萎。”

老师的话 在分享交流的过程中，每个孩子都带来了自己探寻的答案，老师们也积极鼓励孩子们的发现，并及时梳理他们的经验和想法。这样的交流为孩子们提供了多种经验的融合，在倾听同伴的发现中，不仅帮助幼儿增强表达、倾听及沟通的技能，最重要的是让他们不断建构新的经验。

活动六：叶子创作

班级里的树叶越来越多，我们把树叶投放到美工区，不知道孩子们与树叶会发生什么有趣的事情。

叶航：“叶脉看不清楚，我想用水彩笔给它画一画。”

子鸣：“我想给叶子穿上点点的衣服。”

梓甯：“这片叶子像小兔子的耳朵，我想给它画上眼睛。”

老师的话 孩子们用自己喜欢的方式，把树叶换个方式留下来，原本掉落的枯叶重新焕发出生命力，感受艺术的同时，也带给我们更多惊喜。

中期思考

在“亲亲自然——叶脉提取记”的课程开展中，孩子们从大树开始，与大树为伴，自己观察、自己发现，我们追随孩子的兴趣和孩子想了解更多关于大树、树叶的秘密，我们顺应孩子的脚步，生成了一节节乐趣无穷的课程，丰富了孩子们的知识，也培养了孩子的探究精神。那接下来孩子们对什么感兴趣，还可以从哪些方面深入学习？在这一阶段的课程开展中，孩子们产生了以下几个问题：

（1）叶子上的线条是什么？

（2）怎么才能把叶子的线取下来？

（3）需要用到什么工具？

（4）是不是什么叶子都适合做叶脉书签？

……

我们将继续跟随孩子的问题，不断地给予支持、提供条件，让孩子们在探索中自主学习。

活动七：神奇的叶脉

一天户外活动，我们相约幼儿园小树林，小朋友们从认识大树开始，发现树有高的、有矮的……有的孩子拿起落叶。

悦辰："我发现叶子上有好多好多的'线'，好像高速公路啊。"

悦欣："我觉得像血管。"

芊语："像弯弯曲曲的线条。"

好多孩子听见都围了上来，于是，带着孩子们的疑问，我们进行了一次"百度"搜索，原来这些细细的"线"，是叶脉。

老师的话 小朋友在户外活动时偶然发现叶子有好多好多的线，于是产生了一探究竟的欲望。对于孩子们提出的问题，我们引导他们猜一猜、想一想的同时，通过网络搜索丰富了孩子们对于叶脉的认识。《3—6岁儿童学习与发展指南》指出："成人要善于发现和保护幼儿的好奇心，真诚地接纳、多方面支持和鼓励幼儿的探索行为。"

活动八：美丽的叶脉

孩子们带着心中对叶脉的疑问，在幼儿园里收集各种树叶的叶脉进行观察和比较。

灏灏："这个叶子细细长长的，这片叶子是平行叶脉。"

梦瑶："这片叶子滑滑的，它是侧出平行脉。"

安安："这是百香果的叶子，它是羽状网脉，我把它画成了一个小猫爪。"

老师的话 通过查找资料我们发现了很多叶脉的类型。孩子们把自己最喜欢的叶子的叶脉临摹了下来。在分享中我们发现：不同的树叶，叶脉也是不一样的，

活动九：提取叶脉

怎么样才能把叶脉取出来呢？小朋友们开动了脑筋，想出了一系列的办法。

1. 讨论怎么取叶脉

攸攸："我可以用手把叶脉撕出来。"

励志："可以用剪刀沿着叶脉的纹路把它剪出来。"

德懿："可以拿火机烧一下，把叶肉都烧掉就可以了啊。"

2. 尝试取出叶脉

孩子们有很多想法，于是我们根据小朋友想出来的办法进行尝试。

子鸣："叶脉好像不能撕，因为一撕叶子就破了。"

梓铭："快看，我把叶脉剪出来了。"

原来小朋友们都将主叶脉沿着轮廓剪了出来，细脉都被剪掉了。我们又借来了打火

机，可惜整片叶子都被烧掉了。

老师的话 小朋友们通过自己想到的撕、剪、烧等办法都没有成功取出叶脉，但在整个过程中，他们能积极动手动脑，对自己感兴趣的问题进行探索交流，寻找问题的答案。那到底怎么样才能取出叶脉呢？我们请小朋友们回去和爸爸妈妈一起找一找答案。

活动十：探究提取叶脉

第二天，孩子们一到班上就迫不及待地和我们分享了他们和爸爸妈妈一起找到的办法。

叶舒：“我妈妈在网上看到，我们可以把树叶煮一煮，树叶煮熟了就可以把树叶上的叶肉刷掉，叶脉就出来了。”

谦牧：“我的方法和叶舒的一样，也是煮一煮。”

悦欣：“我妈妈说煮的时候里面要放点小苏打或者洗衣粉，可以煮得更快一点。”

思涵：“需要叶子和牙刷。”

老师的话 爸爸妈妈与孩子们一起查找提取叶脉的方法对课程有很大的推动，一方面延续了孩子们探究的兴趣，使得课程在家庭中也能继续深入，另一方面也让家长了解孩子最近的课程内容，营造出家园统一协调的课程环境。

活动十一：第一次提取叶脉

小朋友们把牙刷、小苏打和捡到的各种树叶都带来幼儿园，把叶子洗干净，放进了锅里，加入小苏打，开始煮树叶了，煮30分钟。

煮好后，小朋友发现有的树叶煮完之后烂了，也有的完好无损。开始刷叶脉。

佳婧："好难刷啊。"

谦牧："我的也好难刷啊，一刷就烂了。"

香灼："怎么刷都刷不掉叶肉。"

子鸣："我发现这片叶子很容易刷，叶肉一下就刷出来了，叶脉也不会被刷烂。"

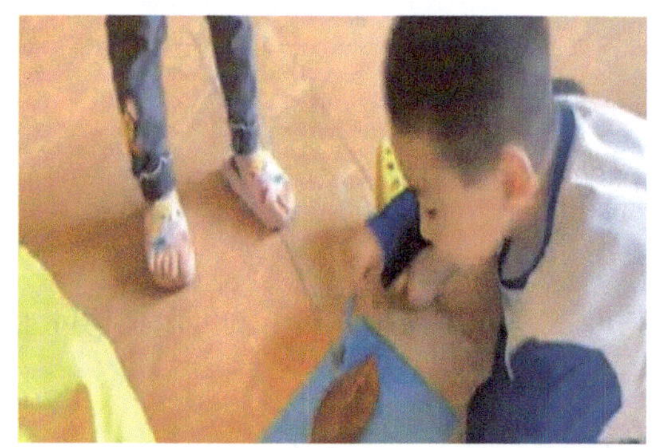

老师的话 初次尝试提取叶脉中，对于那些没有煮烂的树叶小朋友们也试着提取叶脉，在各种提取工具的使用中，他们发现牙刷是最好用的工具。虽然这次失败了，但是大家都有所收获：同一品种的树叶一起煮比较好，煮的时候还要看好时间，还有牙刷是最适合用来提取叶脉的工具。

活动十二：为什么提取叶脉制作失败

孩子们讨论为什么第一次刷叶脉不成功？

悦欣："因为有的叶子一刷就烂，还有的刷不出来。"

叶舒："有一些是干的叶子。"

瑞瑞："有的叶子会煮烂。"

小朋友们发现，刷了那么多种叶子，白玉兰的叶子最适合提取叶脉。

老师的话 叶脉书签制作失败后，孩子们会去讨论探索到底哪种叶子适合提取，发现玉兰树叶子更好刷，幼儿园也有玉兰树，我们便带领孩子们去认识。

活动十三：第二次提取叶脉

1. 第二次制作叶脉书签

孩子们都是用玉兰树的叶子，加入小苏打，煮30分钟，30分钟后，发现叶子还是完整的，开始刷叶脉。

德懿："我看到叶脉了。"

香灼："我把叶肉都刷出来了。"

梓铭："叶子越来越薄了。"

叶舒："我觉得加水会更好刷。"

2. 为什么白玉兰树叶子适合做叶脉书签?

励恣："因为它煮不烂。"

奕程："有的叶子很难刷，有的叶子一下就刷烂，只有玉兰树叶子很好刷掉。"

叶航："它的'网'比其他树叶的'网'更结实。"

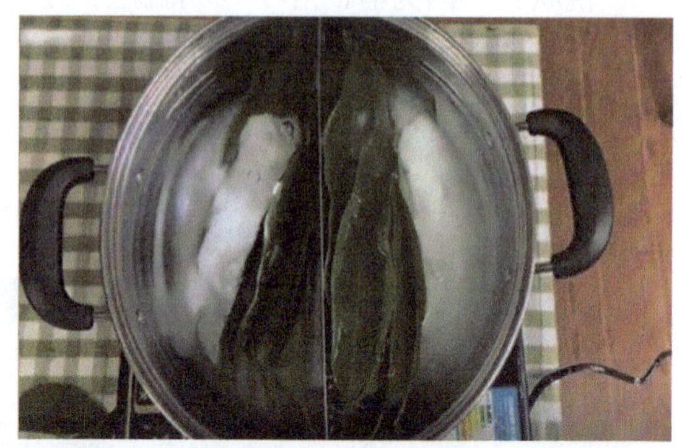

老师的话 在这次的叶脉提取过程中，小朋友们发现“比较软的树叶要轻轻地刷”“把树叶放在水里更容易刷”等等，这些都是孩子经验不断积累的过程。在活动中，教师支持和引导幼儿用适宜的方法探究和解决问题，同时也鼓励他们用数字、图画的方式来记录探究的过程和结果，引导他们在交流中尝试整理、概括自己的探究成果，进一步帮助幼儿丰富观察经验、建立事物之间的联系。在活动后，及时进行讨论和分享，不仅可以将孩子的个人经验扩展为集体经验，还可以在孩子表达自我的过程中，帮助他们发现自我、了解自我。

活动十四：制作叶脉书签

看着这些被成功取出来的叶脉，孩子们都说：“我们刷出来的叶脉真好看，我们要带回家给爸爸妈妈看。”

梓甯：“这些叶脉，要是能变成彩色的就更好看了。”

于是，小朋友们把刷好的叶脉冲洗干净后，夹在纸巾中吸干上面的水，然后给叶脉涂上自己喜欢的颜色，晾干后，美美的叶脉书签就完成啦！

正豪：“哇，我的叶脉书签真好看。”

想言：“真是太神奇啦。”

小朋友们兴奋地拿着自己制作的叶脉书签，不停地给同伴和老师看，显得特别高兴。

老师的话《3—6岁儿童学习与发展指南》指出：“成人要善于发现和保护幼儿的好奇心，充分利用自然和实际生活机会……帮助幼儿不断积累经验，并运用于新的学习活动，形成受益终身的学习态度和能力。”“支持幼儿与同伴合作探究与分享交流，引导他们在交流中尝试整理、概括自己探究的成果，体验合作探究和发现的乐趣。”小朋友们通过一系列的探究活动，了解了制作叶脉书签的方法，自己动手操作，体验了制作叶脉书签的快乐和成就感。

课程感悟

孩子的天性决定了他们对大自然充满好奇，“亲亲自然——叶脉提取记”课程故事的展开是一个由班级幼儿不断讨论、实践、反思的循环过程，幼儿在每个活动当中不断获得新经验、新体验。我们在开始确定“你好，树先生”的话题后，通过讨论，了解了幼儿的已有经验、兴趣和问题。接下来，围绕需要探究的问题，通过实地操作、讨论、实验、表征、分享、展示等方式来展开活动。教师用相机将活动中的美好点滴记录下来，与幼儿一同分享，相信这个活动给每个幼儿留下了深刻的印象、收获了有益的学习经验。通过主题活动的实施，在认知方面，孩子们能用多感官或动作去探索物体，了解了关于叶子的秘密，满足了幼儿强烈的好奇心。在能力方面，幼儿在提取叶脉过程中，能对事物或现象进行观察比较，发现其相同与不同，不断地反复实验、分析、总结，提高了解决问题的能力。在情感方面，培养幼儿的质疑、批判思维，形成问题意识，养成独立思考、独立判断等能力，逐步培养儿童可持续发展的品质和能力。

陈鹤琴先生说：“大自然是我们最好的老师，大自然充满了活教材，大自然是我们的教科书。我们要张开眼睛去仔细看看，要伸出两手去缜密地研究。”当自然教育融入到幼儿的日常生活中，形成自然美育，幼儿们便可以在自然和生活中获得智慧的启迪，感知生命的可爱和生活的情趣。

实录二 “蒜”出趣味

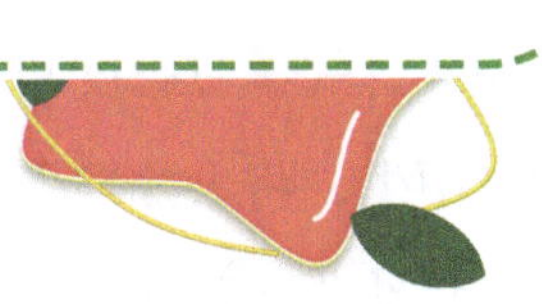

课程缘起

《3—6岁儿童学习与发展指南》指出：“成人要善于发现和保护幼儿的好奇心，充分利用自然和实际生活机会，引导幼儿通过观察、比较、操作、实验等方法，学习发现问题、分析问题和解决问题。”开学初，孩子们带来了自己家里种植的植物，非常开心，每天都自发地去自然角浇水，照顾自己的植物。

小宝：“看，这是我带来的花，我今天给它浇水了。”

山山：“你看我的花花很好看，我也会浇水。”

宏昱：“妈妈说我的花一天要浇两次水，你们的要浇多少次呢？”

小宝：“我的一天浇一次水。”

小爱：“智智的花是黄色的好好看。”

……

由此引发了老师对课程的思考，孩子们正处于对植物种植和生长感兴趣的阶段，何不抓住孩子们的兴趣，让孩子们最大程度主动地去了解植物的生长，进行一系列的课程探索呢？但是，对于植物的选择却很有考究，何种植物比较健养、适合小班孩子呢？通过和孩子们一起讨论，我们选择了日常生活中常见的大蒜。于是，我们开始了“蒜”出趣味的班本主题探究课程，与孩子一起去发现、探究、体验。

前期审议

《3—6岁儿童学习与发展指南》指出："支持幼儿在接触自然、生活事物和现象中积累有益的直接经验和感性认识……帮助幼儿不断积累经验，并用于新的学习活动，形成受益终身的学习态度和能力。"小小的大蒜，是孩子们日常生活常见的植物，孩子们熟悉又陌生，将大蒜融入到幼儿的日常生活和学习生活中，符合孩子的认知水平和学习特点，让幼儿在观察中了解大蒜的特征、营养价值、种植方式等，拓宽孩子们对大蒜的知识面，丰富孩子们的生活认知经验，同时提高其语言表达能力。创设适宜种植的场地，让孩子成为种植活动的主人，亲自参与实践，了解大蒜的生长过程，激发孩子积极探索的欲望。在品尝活动中，让孩子们通过直接的味蕾体验，爱上美食，养成良好的饮食习惯。

从孩子身边熟悉且感兴趣的大蒜出发，我们开展了第一次的头脑风暴讨论"关于大蒜你想知道什么？"教师鼓励孩子说出自己的想法，小朋友们说："哪里可以看见大蒜？""大蒜可以用来做什么？""大蒜生长在哪里？""怎么种大蒜？""怎么照顾大蒜？""大蒜可以做什么好吃的？"原来，孩子们对大蒜有那么多想知道的。为此，我们梳理出孩子们对大蒜的探究线索，追寻孩子兴趣的脚步开展具有趣味性的课程。

前期准备

幼儿经验分析	材料提供	资源收集	教师知识准备
1. 对大蒜的外形及食用方法有初步认识。 2. 对大蒜的生长来源也充满了好奇。 3. 对大蒜的种植方式及种植方面的经验欠缺	1. 提供大蒜种植场地。 2. 提供大蒜种植容器及浇水的喷壶、挖泥等工具	1. 与孩子一起收集大蒜的食用方法及材料。 2. 阅读收集有关植物生长过程的绘本	查找相关资料，先深入了解大蒜的种植、养护及食用方法，为本次课程探究预设研究目标

课程目标

核心素养	主题目标
人文底蕴	1. 通过写生实践，初步具有艺术知识、技能与方法的经验。 2. 激发幼儿对植物的好奇、对大蒜生长的科学探索
科学精神	1. 能够细心观察发现大蒜不同的生长速度，能用梯子的方法帮助自己的观察。 2. 对于发现大蒜变臭的问题，能在大人的帮助下寻求问题解决的方法。 3. 对感兴趣的大蒜种植能仔细观察，发现其生长过程出现的根。 4. 探索中为自己发现的泥土感到兴奋和满足。 5. 具有动手动脑探索泥块变碎的方法，并乐在其中
学会学习	1. 能用多种感官或动作去探索大蒜，关注种植过程产生的结果。 2. 能够在老师的帮助下，通过查阅书籍和借助互联网等方式寻求答案
健康生活	1. 在种植的过程中，初步体会到植物生命的意义。 2. 面对大蒜即将被剪掉时，能调节和管理自己的情绪，具有抗挫折能力
责任担当	1. 喜欢接触大自然的泥土、蚯蚓、大蒜，具有初步的探究能力。 2. 有独立做事的能力，自己种植、照顾大蒜，做事有始有终，具有责任意识
实践创新	1. 能主动做好照顾大蒜的小任务，会使用喷壶、铲子等简单的劳动工具。 2. 能感知和发现大蒜的生长变化及其基本条件

课程内容

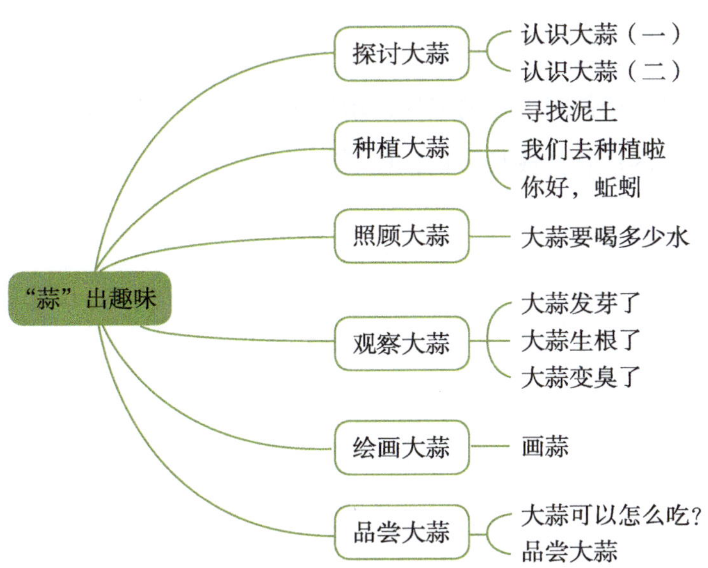

课程开展

活动一：认识大蒜（一）

对于大蒜，孩子们心中充满疑惑，也充满了好奇。活动开始前，孩子们针对大蒜进行了热烈的探讨和认真的准备。什么是大蒜？哪里可以看见大蒜？大蒜可以用来做什么？孩子们纷纷提出了自己的疑问和想法，大家一起讨论、解答。

缤缤：“大蒜是白色的。”

承睿：“大蒜是辣的。”

洋洋：“大蒜有白色的皮。”

鹏鹏：“大蒜有很多片。”

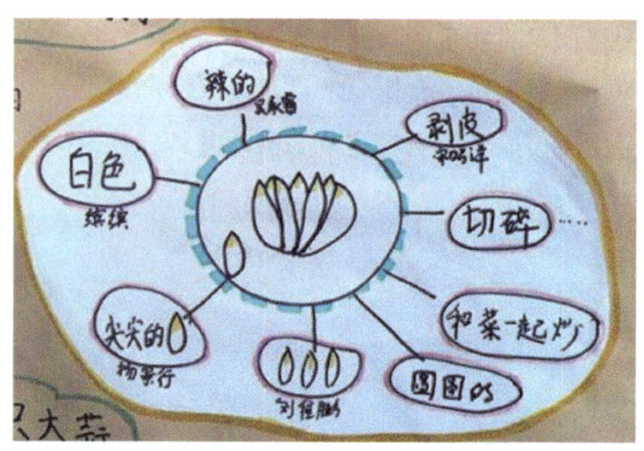

活动二：认识大蒜（二）

为了进一步激发孩子们对大蒜的兴趣，增进对大蒜的了解，我们一起通过绘本《神奇的大蒜》了解大蒜的形状与成长历程，孩子们思考和讨论，纷纷欲试，想要尝试大蒜的种植。

智智：“大蒜的头是尖的。”

与麟：“它没那么快发芽。”

景行：“发芽了之后就可以看到绿绿的。”

乐乐：“我们也可以种大蒜吗？”

老师和孩子们约定：“过两天我们一起去种蒜，但是种蒜之后大家要好好照顾它。”孩子们欣然答应。

老师的话 大蒜是孩子们日常生活中容易见到的食物，通过活动“认识大蒜”，老师引导孩子们调动经验回忆自己的生活，表达自己对大蒜的看法。孩子们通过直接感知获取经验，通过感官：看、触、闻，了解大蒜的外观。在此基础上，孩子们有进一步了解的愿望，绘本是一个很好的途径，通过绘本《神奇的大蒜》，孩子们进一步理解了大蒜的形状以及生长。

活动三：寻找泥土

哪里可以挖到种蒜的泥土？很多孩子都说后花园种菜那里有很多土，我们可以去那里挖土，看来孩子们之前去后花园散步时细心观察到那里有土，而且那里有种菜了，说完我们带着容器、大蒜种子一起出发去挖土种植大蒜。

到后花园，并没有如大家所愿，没有什么泥土可用……

鹏鹏：“老师，你看这里好多大块的石头。”

乐乐：“我们要挖的土在哪？”

予星：“这些土是黄色的，好大块呀！”

皮皮：“这里有土可以挖。”（皮皮指着已经种着菜的那块地）

此时大家都往那个方向看去，一些孩子正准备走过去装土。老师见状对孩子们说：

"这些土已经用来种菜了哦，如果我们把这些土装走了，那么这些菜就会失去土壤的保护，没有营养，会失去生命呢！"

冯瑛："那我们怎么办？"

弘山："我们可以把黄色石头下面细细的土装走。"

老师："这是个好办法，但是可能会不够，其实黄土块也可以变得细细的，大家想想有没有什么办法把黄石块变成细细的泥土呢？"

鹏鹏："可以把黄石块弄碎。"

孩子们真是想法的践行者，开始了一系列行动，在其中老师惊喜地发现了他们的智慧："鹏鹏拿着两块黄土块互相敲、皮皮拿着黄土块往下砸，也有孩子就地取了树枝敲着，还有孩子相互合作完成。由于后花园也是野炊的地点，老师尝试带领孩子去找工具，发现了一把铲子，孩子们都纷纷尝试把土铲出装好，最终孩子们都挖到了土。

活动四：我们去种蒜啦

挖到土之后，每个孩子都拿着大蒜的种子，开始将蒜头掰成一瓣一瓣的，有的孩子将大蒜的皮剥了，大多数孩子没有（其实两种方式都可以，也想观察一下两种方法种植后有何不同，老师便顺其自然），然后开始动手种了起来，小心翼翼地将种子送入土里，脸上洋溢着喜悦的笑容。我们发现有的孩子一下子种了好多颗在土里，有的只是种了一两颗，有的孩子把大蒜种得比较深，有的则比较浅。

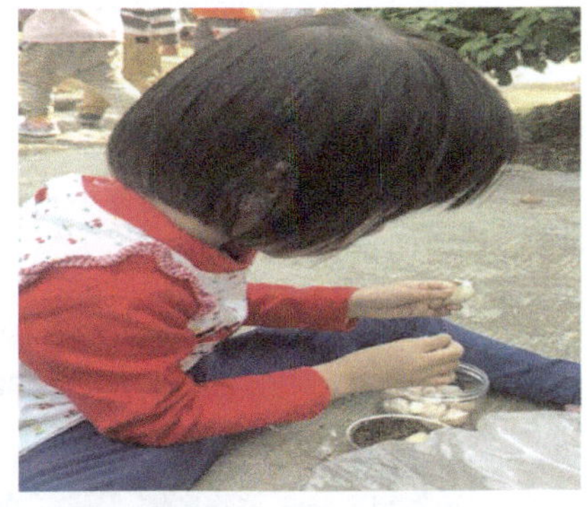

老师的话 孩子们通过直接感知、亲身体验、实际操作学习，在这个过程中，老师是他们学习的支持者和引导者，为他们的学习和发展创设适宜的环境和条件。孩子们在学习的过程中思维非常的活跃，常常可以带来很多的惊喜，虽然是小班的孩子，但是确实是极具智慧的独立个体，他们会想办法解决问题。老师要随时做好准备，为孩子们提供学习的机会与支持，在种植的过程中，我们应当提前预设，做好准备，让每个孩子都能够尽情地体验其中。他们挖到土之后，大家齐心合作剥蒜准备种植，种植后则开始浇水，学习照顾。

活动五：你好，蚯蚓

有一次，由于几个孩子当时请假没有去种蒜，老师想着去寻找土壤，无意中发现了黑土，里面竟然有蚯蚓蠕动，觉得是个很棒的教育契机，便将有着蚯蚓的黑土带回了班上。

1. 发现蚯蚓

回到班上，老师将黑土放在了自然角，餐后总有孩子观察大蒜、浇水，老师也和他们一起，带着目的有意引导他们仔细观察，果然他们发现了这一盆陌生的土，还和黄土不太一样，想去一探究竟。这时，他们发现了不一样的地方，里面有东西在动，好奇极了。

承睿：“那是什么东西？”

弘山：“我觉得好害怕。”

景行也往前走了一步：“好像是一只虫子。”

老师：“大家看看是什么样的？”

孩子们纷纷说道：“长长的、黑黑的，是一只虫子。”

2. 阅读绘本《看！蚯蚓》

老师借助绘本带着孩子一起探究这个神奇的动物，孩子们了解到这是蚯蚓，知道了它的形状、生活环境等。每个孩子都喜欢近距离观察它，看它忙碌地松土。

老师的话 孩子们对动植物都充满了好奇，在观察大蒜的过程中，发现了一条长长的

动物，他们表示从未见过。起初孩子们还会感到害怕，随着老师的鼓励，有的孩子鼓起勇气动手端住装好蚯蚓的碗，我们感到非常的开心，引导孩子们了解蚯蚓，他们对感兴趣的事情求知欲也是非常强，他们知道了蚯蚓能够帮助大蒜松土，帮助大蒜吸收营养长高，在之后很长的一段时间，都时不时跑到自然角近距离地看望这位“好朋友”。

活动六：大蒜要喝多少水

种植好大蒜后，孩子们常常会主动照顾大蒜，给大蒜浇水。但是浇水多少的量对于他们确实是难以把握的，有些孩子想要大蒜多喝水，浇的水都溢出来了，而且一天浇很多次水，这样浇了几天后，大蒜根部快烂掉了。有的孩子浇水小心翼翼，害怕大蒜被淹死。因此，我们一起探讨大蒜到底要喝多少水。

通过探讨学习，孩子们了解到大蒜生长期要经常浇水，需要一天浇一次水，才可以有足够的水分吸收，每次浇水，要朝着根部浇水，浸湿土壤。

老师的话 对于植物的照顾孩子们并不太了解，有的孩子觉得大蒜需要经常喝水，而有的孩子说家里的植物爸爸妈妈没有每天浇水，所以也没有经常浇水。有些孩子将家里家人照顾植物的经验移植到对大蒜的照顾上，显然孩子们会思考，将获取的经验转移到相关的事物中，也显示了日常经验的重要性。在此活动中，孩子们了解到每种植物都是不一样的，了解到该怎么浇水才有利于大蒜的生长。

中期思考

在“‘蒜’出趣味”的课程开展中，孩子们的好奇心和求知欲让我们感到惊喜，在此过程当中所表现出来的学习能力和探究兴趣非常珍贵。我们鼓励孩子遇到问题时积极思考，我们根据当时的条件给予时间和空间支持他们的思考。小班孩子在寻找答案解决问题的过程中，常常需要我们给予协助引导，提供让幼儿分享交流的平台，让幼儿充分地自由讲述和发表意见，在和孩子们一起思考、一起探究、一起寻找资料和解决问题的途径中，往往能够增强孩子们持续探究的兴趣，拓展孩子的思考空间。

孩子们在探究的过程中，不断地学习，也慢慢地了解到大蒜的成长以及自己亲身照顾的体验，认知和情感、照顾能力得以提升。在接下来往哪些方面进行探索，孩子们的兴趣点和老师的观察与思考为我们提供了思路：

（1）大蒜什么时候发芽？

（2）大蒜怎么会长出了白色的线（根）？

（3）大蒜怎么变臭了？

（4）大蒜怎么吃？

……

我们将继续跟随孩子的问题，不断地给予支持、提供条件。

活动七：大蒜发芽了

大蒜种完之后，孩子们每天都在期待大蒜发芽，过了几天孩子们发现还没有发芽，讨论着谁的大蒜会先发芽。一个星期后，星期一孩子们准备浇水的时候惊喜地发现有几颗大蒜发芽了，非常兴奋，跑来告诉老师这个好消息。

1. 大蒜发芽了

瑛瑛："老师快看，我的大蒜发芽了。"

皮皮："我的也发芽了。"

景行："我种了三个，只有一个发芽了。"

2. 大蒜梯子

为了后续的观察，老师开始思考如何让孩子们直观地观察记录大蒜的成长，每天大蒜长高多少。经过讨论，我们一起想办法，我们长高要量身高，我们也可以给大蒜"量身高"，准备给大蒜搭建梯子，测量大蒜的高度。

老师的话 在一系列的活动中，我们鼓励孩子们要仔细观察，用心照顾。孩子们在观察的过程中感受生命的成长，并自发地为此感到高兴。在装完成长的梯子后，他们更加细致地观察自己的大蒜长高了多少。我们在此过程中不仅为孩子的观察提供支持，更是潜移默化地为孩子们提供思考的空间，通过直观的方式表现出来，拓展孩子的思维。

活动八：大蒜生根了

1. 讨论大蒜长出的“线”

大蒜下面长了一些白色的丝，那些是什么呢？这些引起了孩子们的疑问，为什么会长根呢？

小爱：“因为它要长大，就要长根。”

希希：“它的根好长好长。”

2. 查找资料

我们一起上网查询资料后发现，大蒜长大需要从土壤中吸收营养和水分，这些白色的、细细的根能够帮助大蒜吸收营养和水分，如果不长根，那么就不能很好地生长。孩子们惊讶地发现了这个秘密，开始讨论起来以前见过的植物也长了根……

老师的话 在观察大蒜和照顾大蒜的过程中，孩子们能在其中发现新鲜的事物，勇于表达自己的想法，并且乐于探究与思考，是活动顺利开展的重要因素。在活动开展中，老师要鼓励孩子表达与探究，也要注意保护孩子的好奇心和求知欲。

活动九：大蒜变臭了

1. 发现大蒜臭了

关于浇水的问题，虽然我们已经探讨过，但是在实际操作过程中，有个别孩子还是会有浇水过多的情况。有一次，宏昱拿着一棵大蒜，说着：“大蒜好臭啊！”引起了孩子的兴趣。这是一种什么样的臭味？孩子们都想感受看看，什么奇怪的味道呢？

2. 寻找大蒜变臭的原因

随着讨论热度的升温，我们一起探讨其原因。通过了解，我们认为蒜变臭的原因很有可能出现了病虫，也有可能是没有及时松土，营养不足、浇水太多。

老师的话 大蒜为什么会变臭呢？气味是孩子们直接可以感知到的，这样的异味引起了孩子们的好奇心，促使孩子们更愿意自发地了解其形成的原因，想办法解决。在后面的一段时间，有时候会看见孩子们拿着小铲子尝试松土、浇水也学会了控制。在发现有同伴浇水太多时，也会和他说不能浇那么多水，孩子的同伴帮助意识也逐渐增强，不仅局限于自己对于大蒜的照顾上。

活动十：画蒜

大蒜长得绿绿的、尖尖的，孩子们每天细心地观察着、欣赏着。那么，在孩子们眼中，他们看到的大蒜是怎样的呢？老师请小小画家们画出他们眼中所见的大蒜。

菲菲："大蒜有长长的叶子，但是我不太会画。"

瑛瑛："我要先画一个花瓶。"

景行："我的大蒜很高。"

承睿："我想要大蒜长很多叶子，要是红色会很好看。"

小爱："看，我画的大蒜长得很高。"

老师的话 起初担心写生对于小班的孩子存在很高的难度系数，绘画存在难度，要他们按照眼前看到的东西如实地画下来是几乎不可能做到的。但是，还是想让孩子们尝试，毕竟也是自己亲手种植的大蒜，有感情更加有助于绘画的表达。看到孩子们的作品，确实给我们带来了巨大的惊喜，他们具备很强的学习能力与表达能力，能够将眼前的东西画得如此生动，甚至自己添加一些元素。这也让我们明白应当给孩子提供条件，让他们尽情表达与创造，也许会给我们带来更多惊喜。

活动十一：大蒜可以怎么吃？

大蒜长到现在，有些已经长出了长长的叶子，一些孩子说在家里看见奶奶、爸爸妈妈买菜的时候会买蒜。老师问孩子们大蒜是什么味道的，孩子们说出了自己的想法：香香的、有点辣、不知道什么味道……有的孩子还没有吃过大蒜，他们说："老师，我也想吃大蒜”。于是孩子们说：“我们的大蒜长大了，也可以吃了。”孩子们开心地回应道：“那我们一起来吃大蒜吧。”

“大蒜炒什么好吃呢？”孩子们有不一样的答案，为此，我们进行了投票。最终，大蒜炒腊肠得票最高。

山山：“我喜欢吃蘑菇，我想吃大蒜炒蘑菇。”

一菲：“我奶奶会做大蒜炒肉，很好吃。”

书智：“我在家吃的大蒜里面放了鸡蛋。”

皮皮：“我妈妈做的大蒜放了腊肠，太好吃了。”

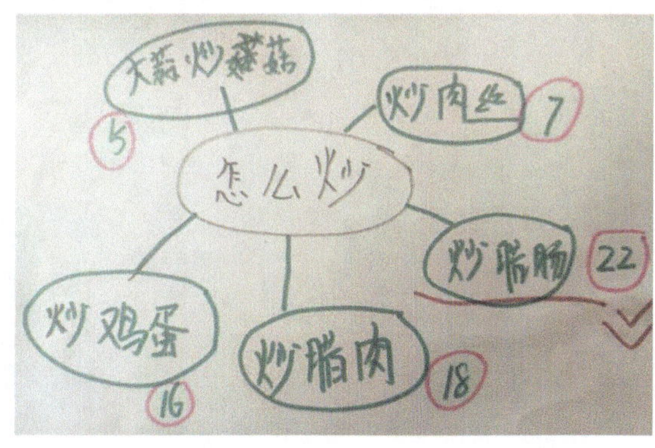

老师的话 在讨论的过程中，常常会遇到不一样的看法，孩子们可以有不同的想法，但是在集体活动中，就得有方法来解决这个问题，投票是比较常用的方法，也是尊重孩子们想法的表现，同时也是帮助集体决定一致方向的好方法，孩子们也很认同，这也能够让孩子们意识到集体的重要性，而不是仅仅按照自己的意愿。

活动十二：品尝大蒜

1. 炒大蒜小插曲

大家达成大蒜炒腊肉的意见后，在家人的帮助下，第二天孩子们就带来了大蒜炒腊肠的材料支持活动的开展。孩子们纷纷行动起来，将自己种植的大蒜剪下来。这时候，有个别孩子会舍不得剪，说有点不开心。

洋洋：“我不要剪掉我的大蒜。”

鹏鹏：“我也不要剪，这样就变短了。”

宏昱：“那我也不要，会舍不得。”

原来在一些孩子们的心中，已经对自己照顾的大蒜有了情感，包含了自己的不舍，说明了他们对于大蒜的用心与真情。孩子的真性情使我们感动，但也需要引导孩子们集体意识的培养。

老师："原来你们对自己的大蒜有感情啦，说明你们很认真地在照顾大蒜哦。你们也可以选择不剪掉自己的大蒜。但是大家都想吃，那大蒜不够怎么办呢？"看着在思考犹豫的孩子们，老师补充说，"其实大蒜剪掉后，只要用心照顾就会继续长高的。"听完老师的话，孩子们的心情便恢复了，开心地说："老师，那我也要剪大蒜，我还会照顾它，让它再长高的。"

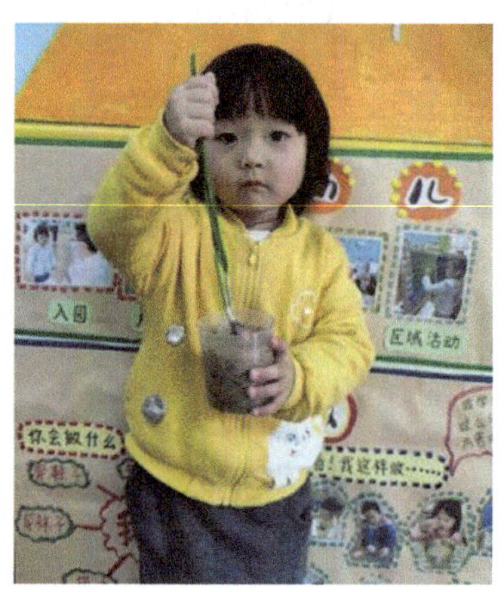

2. 我来帮帮忙

孩子们积极地参与，帮忙剪大蒜、洗大蒜，准备好材料后，孩子们开始观看老师炒大蒜，时不时说："好香呀！""好想吃。"

3. 品尝大蒜炒腊肉

炒完大蒜后，刚好到了午餐时间，孩子们都迫不及待，快速上前排队等着品尝美味的大蒜炒腊肠。这一天，孩子们露出了满足的微笑，有的孩子添了几次饭，看来，自己的劳动成果是最香的。

老师的话 在准备剪掉大蒜做大蒜炒腊肠的过程中，孩子们流露出对大蒜的不舍和难过，包含着他们对于大蒜的情感。孩子们是灵动的、有爱心的，老师在引导的过程中

要肯定他们的情感流露。这次活动显然让孩子们体会到了自己的劳动所获，感受到了大蒜的来之不易，融入了自己的情感，显得格外珍惜，所以吃起来感觉非常香，吃得非常干净。

课程感悟

在现代社会中，多数孩子和自然接触的机会比较少，对于植物的生长的直观了解较少，而了解生命的生长对于孩子的成长具有重要意义。“‘蒜’出趣味”活动起源于孩子们对植物的好奇与关爱，他们能够自发地照顾自己从家里带来的盆栽。借此契机，我们抓住孩子们的兴趣点及学习需要，与孩子们一起探索大蒜的“奥秘”，感知大蒜生长的奇妙，在此过程中学会照顾植物，培养孩子的责任意识与学习能力，鼓励孩子的大胆探究，并给予足够的支持。

通过主题活动的实施，在认知方面，孩子们了解了大蒜的外形、大蒜的种植、生长的过程和生长中出现的一些问题以及原因。在学习能力方面，在此活动中，孩子们乐于探究、团结协作、细心观察，根据发现的问题寻找解决的途径，学习如何照顾大蒜等，为良好学习品质的培养打基础。在情感方面，孩子们能够主动照顾大蒜，投入了自己的情感，细心呵护大蒜的生长。在后面炒大蒜的环节中流露出对剪掉自己种植大蒜的不舍情绪。从认识大蒜到品尝大蒜的过程中，语言表达能力、探究能力、绘画能力也得到了提升，感受到了生命生长的奇妙，是一次极具意义的探究体验。

我们将继续努力，追随孩子成长与发展的脚步，发现孩子的兴趣与需要，做孩子学习的引导者、支持者、合作者。

第三章 学会学习

实录一 寻味腊肉

课程缘起

一日生活皆教育，教师要善于从儿童的生活中发现教育契机，捕捉孩子的兴趣点，生成课程的内容。温度下降、寒风渐起，小雪节气已经到来。在晨谈中，和孩子们一起分享小雪的节气特点和饮食习惯。当说到小雪节气制作腊肉美食的话题时，引起了孩子们极大的兴趣，孩子们之间开始互相讨论："什么是腊肉啊？""是牛肉做的吗？""腊肉是什么味道的？""腊肉为什么是黑色的？""我也想吃腊肉。"……孩子们对腊肉充满了好奇，也想品尝腊肉的味道。为了保护孩子们的探究欲望，让孩子主动寻求答案、自主实践、体验品尝，我们开始了"寻味腊肉"的班本主题探究课程，与孩子一起在体验中去解开腊肉的秘密。

前期审议

劳动是人类生存和发展的基础，也是促进幼儿身心和谐发展的重要方式。《3—6岁儿童学习与发展指南》也指出："引导幼儿生活自理或参与家务劳动，发展其手的动作。"幼儿劳动与成人劳动不同，幼儿并不是真正的劳力，而是通过劳动获得发展，让幼儿在劳动中学会生活，在生活中学会劳动。劳动蕴含着重要的教育价值，可以让幼儿直接感知、实际操作和亲身体验，获得丰富的经验，形成对劳动的初步认知，懂得尊重劳动者和珍惜劳动成果，养成热爱劳动的习惯。

小雪节气的到来，引发了孩子们对节气吃腊肉的习俗的兴趣，他们彼此间相互讨论着有关腊肉的话题。因此，我们开展了一次“腊肉”的讨论，鼓励孩子说出自己的想法，如：“腊肉怎么会那么黑？”“腊肉是什么肉做的？”“腊肉怎么那么硬？”“我们可以做腊肉吗？”……孩子有着许多的疑问。为此，我们梳理出孩子们对“寻味腊肉”的探究线索，追寻孩子的脚步开展此课程。

前期准备

幼儿经验分析	材料提供	资源收集	教师知识准备
1. 部分孩子有吃过腊肉，对腊肉的外形、味道有初步的了解。 2. 对腊肉的制作充满兴趣。 3. 对腊肉的制作方法不了解	1. 提供腊肉的晾晒地方、工具等。 2. 提供有关食物制作的绘本	1. 与孩子一起收集制作腊肉的材料。 2. 收集腊肉的制作过程资料	查找相关资料，先深入了解腊肉制作的方法及其食用搭配，为本次课程探究预设研究目标

课程目标

核心素养	主题目标
人文底蕴	1. 对自己的劳动成果愿意与大家分享。 2. 具有艺术表达和创意表现的兴趣和意识，能在绘画中表现腊肉的制作过程及食用搭配
科学精神	1. 求知欲强，能投入、持久参与腊肉的制作、晾晒活动。 2. 能通过观察、比较与分析，发现并描述腊肉晾晒过程不同阶段的变化
学会学习	1. 关于腊肉腌制遇到的问题，能经常动手动脑寻找答案。 2. 探索中为自己解决腊肉晾晒、成功腌制感到兴奋和满足，能够根据不同情境和自身实际，选择调整学习方法。 3. 懂得利用互联网获取知识的方法，找出腊肉长白点的原因。 4. 把新的知识与原有知识联系，并在此基础上进行学习和总结
健康生活	1. 具有达成目标的持续行动力，能坚持观察、完成腊肉的制作。 2. 能主动发起带腊肉材料活动，并在晾晒腊肉中出主意、想办法

续 表

核心素养	主题目标
责任担当	1. 有强烈的责任心和主人翁意识，做事有始有终，参与并承担腌制腊肉的各种任务。 2. 具有主人翁意识和责任感，能自觉接受和遵守腊肉观察员的任务
实践创新	1. 在厨房叔叔及老师的帮助下，合理、友好地寻找解决问题的多种方法。 2. 感知科技产品与自己生活的关系，知道科技产品能为学习服务解决问题

课程内容

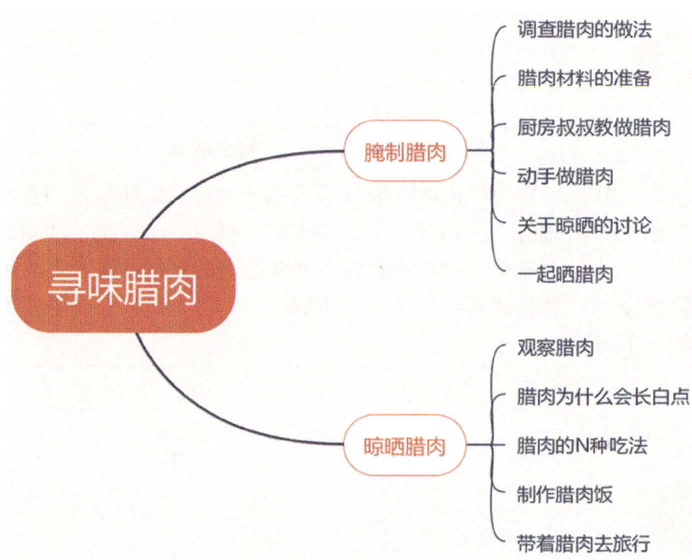

课程开展

活动一：调查腊肉的做法

1. 表达做腊肉的想法

小雪晨谈后，孩子们知道了腊肉是小雪的节气美食，也知道了小雪过后天气变冷、起风，是做腊肉的好时候。孩子们也有了自己的想法：

可可：“老师，我们可以做腊肉吗？”

鹏鹏：“对啊，现在就是做腊肉的时候。”

墨恬："今天很冷，风很大，我也想做腊肉。"

子倪："我也想做腊肉。"

2. 寻找会做腊肉的人

在大家的商量下，孩子们决定一起做腊肉，确定这一想法后，孩子们都很开心。可是同时，他们也遇到了问题："腊肉是怎么做的呢？"

镜之："我们可以找老师帮忙。"

子平："我的奶奶会做腊肉。"

瑾萱："厨房叔叔知道，我们可以请他帮忙。"

3. 采访厨房叔叔

孩子们都赞同请厨房叔叔帮忙。为了更清楚腊肉的制作方法，我们决定推荐几名腊肉调查员，采访厨房叔叔有关腊肉的做法。

一玮："叔叔，我想问您一个问题，好吃的腊肉要怎么做？"

厨房叔叔："做腊肉前要先准备好食材。"

沐薰："那要准备什么啊？"

厨房叔叔："五花肉、盐、红糖、生抽、白酒、五香粉。"

靖为："需要准备多少肉和调料呢？"

厨房叔叔："腌制10斤肉，这就需要生抽、白酒、食盐都要150克，红糖100克，五香粉50克。"

宏鑫："那怎么做腊肉？"

厨房叔叔："红糖、生抽、五香粉混在一起抹在五花肉上，涂抹的时候要均匀，抹好后再盖上盖子腌制一晚上，第二天把腊肉挂晾起来，晾干就好啦！"

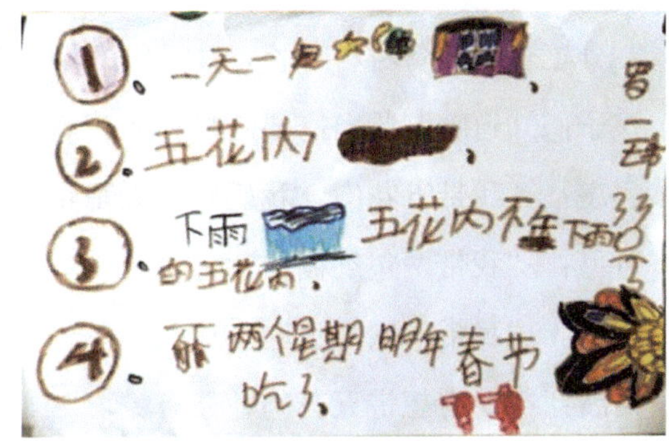

老师的话 孩子提出想要自己动手做腊肉，说明孩子对腊肉这个话题产生了兴趣。兴趣是孩子主动学习的能量之源，虽然孩子们完全没有做腊肉的经验，但孩子们坚信“办法总比困难多”。他们会联系身边的人，寻求帮助解决问题。采访的形式，是一种互动的有效学习，孩子们在相互合作中记录信息，对孩子的记录能力是一个很大的挑战，同时，在与厨房叔叔的对话中，有利于孩子大胆地走近、亲近身边的人，建立自信。

活动二：腊肉材料的准备

终于调查出腊肉的做法，孩子们欣喜地将调查结果与同伴分享。

1. 记录、准备材料

一玮：“我们要准备五花肉、酱油、酒。”

沐薰：“还有五香粉、盐、红糖。”

宏鑫：“还要准备一次性手套。”

2. 分工合作准备材料

孩子们知道腌制腊肉需要的材料后，就积极地讨论准备：

睿宸：“我带五花肉，我奶奶每天都带我去买菜。”

可可：“我带两包红糖。”

昀臻：“我带一次性手套。”

语晨：“我也想带五花肉，还有糖。”

一玮：“我爸爸有酒，我可以带酒。”

老师的话 儿童是有能力的学习者、思考者，思维活动活跃。孩子们知道做腊肉需要准备的材料后，就主动结合自身实际情况，准备相关材料。他们有相关的材料准备经验，所以在这次活动中就能快速分工合作，主动分享，乐在其中。

活动三：厨房叔叔教做腊肉

1. 观看厨房叔叔做腊肉

在孩子们的邀请下，厨房叔叔来到班上为孩子们展示腊肉的制作过程。厨房叔叔耐心且详细地向孩子们讲解做法和注意事项。厨房叔叔将洗好的肉放入大盘中，依次往大盘中倒入一半的食盐、生抽、白酒、五香粉，用手将一条一条肉反复涂抹均匀，然后倒入剩余的调料，继续涂抹均匀，来回地翻转，确保五花肉的每个部位都被腌制到位。最后厨房叔叔跟孩子们说："这个涂抹好调料的五花肉需要腌制1—3天，然后取出，拿到阴凉通风干燥的地方晾晒7—10天，直到腊肉晒干就可以吃了。"

2. 记录制作方法

孩子们在观看完腊肉制作的过程后，用绘画的形式记录下腌制过程及注意事项。

墨恬：“先放肉，再放调料。”

子倪：“调料要放两次。”

学运：“一定要涂抹均匀，要上下来回抹。”

可可：“要放老抽，这样猪肉才会变色。”

老师的话 孩子们以绘画的形式记录腊肉的制作过程，就是一次自我对知识的梳理、巩固的过程。在同伴的相互合作中，完善了腊肉制作的全过程。

活动四：动手做腊肉

看完厨房叔叔的示范，孩子也一起合作制作腊肉。第一次制作腊肉的他们，有什么感觉呢？

鹏鹏：“猪肉摸起来滑滑的，真好玩。”

艺诚：“可可，你帮我放酱油吧！我的手也很滑。”

一玮：“我的猪肉变黑了，我的手也变黑了。”

子平：“我在给猪肉按摩。”

墨恬：“猪肉太滑了，像小鱼一样。”

绍博：“鹏鹏你要翻一下猪肉，后面还没有涂，厨房叔叔说每个位置都要涂抹均匀。”

老师的话 孩子们在自己动手腌制腊肉的时候，脸上洋溢着甜甜的笑容，还不时与同伴分享自己的感受。这些都是他们在实践中亲身感受后，发自内心最真实的想法。这就是孩子们通过直接感知的学习方式，做过了，孩子们就明白了。

活动五：关于晾晒的讨论

腊肉需要腌制一天再晾晒，在哪里晾晒呢？孩子们又发现了新的问题，要找到通风的地方晒太阳，幼儿园哪个位置合适呢？他们开始热烈讨论起来。

幸怡：“晒到我们户外的操场上吧，那里太阳最大。”

茵茵：“不行，把腊肉晒到那里去了，我们户外活动就没有地方玩了。”

钧翔：“那晒在我们课室外的走廊吧，那里有阳光。”

钜钜：“那也不行，会挡住我们散步的路，而且走廊早上没有太阳。”

宏鑫：“五楼的天台就可以，小朋友不能去那里。”

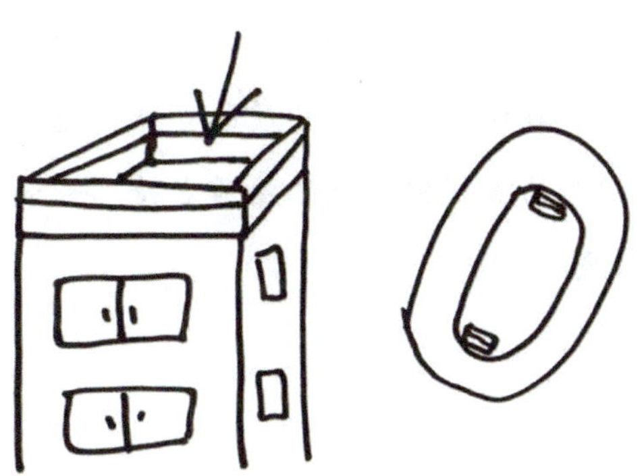

老师的话 在整个讨论过程中，孩子们积极开动脑筋，集体讨论献策献计，共同为找出晾晒腊肉的地方出谋划策。幼儿园的每个地方都是孩子们熟悉的，与他们的一日活动

息息相关。他们会联系实际情况去思考选取的位置是否合适。我们坚信孩子的身上有无限的力量，放手让孩子自己去探索，他们会给我们带来无限的惊喜。

活动六：一起晒腊肉

孩子们兴奋地把腌制好的腊肉拿到了幼儿园天台，看着空空的天台，孩子们在想该把腊肉挂在哪里？如何把腊肉挂起来呢？大家又开始想方法解决问题。

靖为：“用绳子把肉绑起来，就可以挂起来了。”

熹熹：“像晒衣服一样，把它挂起来。”

乐乐：“可以用我们挂毛巾的架子。”

绍博：“我们表演区有架子和衣架，可以搬上来。”

知澍：“也可以把腊肉放在篮子里晒。”

基于生活的经验，孩子进行了经验迁移，将自己平时经常用到的毛巾架及晒衣服的经验应用到晒腊肉的问题上，用旧知识解决新问题，在这过程中，孩子的应变能力及思维的灵活性提高了。在这过程中，物质的支持，是孩子活动顺利进行下去的必要条件，因而教师要协助幼儿为其提供必要的物质支持，让幼儿在物质环境和物质材料的互相作用中实现自身的发展。

中期思考

在“寻味腊肉”课程的开展中，我感受到了孩子的学习能力和合作能力。在探究腊肉的制作过程中，当幼儿遇到问题时，他们会先自己想办法，会主动联系身边的专业人士帮忙解决问题。孩子们会主动问问题，进行有效的互动，同伴之间也会合作记录答案。孩子们有分工合作的意识，主动联系自身实际情况，承担适合自己的小任务。而老师在这过程中，只是提供幼儿分享交流的平台，让幼儿充分地自由讲述和发表意见，让他们在自主探索、相互分享中学会运用已有的经验解决真实的问题。探究的过程就是孩子们不断学习积累的过程，从调查腊肉的做法—准备做腊肉的材料—动手制作腊肉—晾晒腊肉，孩子们知道腊肉的制作过程，也在体验中感受到了劳动的乐趣。腊肉的制作完成了前半部分的工作，接下来孩子们将要从腊肉的观察食用方法实践中深入学习，他们又遇到了新的问题：

（1）腊肉怎么会滴“水”？

（2）腊肉怎么长了白点？

（3）腊肉怎么做好吃？

……

我们将继续跟随孩子们探究的脚步，不断地给予支持、提供条件，让孩子们在探索中自主学习。

活动七：观察腊肉

腊肉在天台顶上晾晒了一天了，孩子们都很关心它，不知道它晒干了没有。怀着期待的心情，孩子们又开心地来看腊肉，他们发现地板上有一滩水，原来是腌在腊肉上的调料溢出来了。腊肉在晾晒的过程中，会出油出水，怎么解决这个问题呢？于是，孩子们关于滴“水”的问题，说出了自己的想法。

芯芯：“我们可以拿一个东西放在底下，装住它。”

昀烨：“可以拿一个纸箱放在下面，我们喝酸奶的箱子也可以。陈老师也是在厕所门前垫一块纸皮吸水的。”

镜之：“可以把我们画画垫的报纸放在下面。”

可可：“还可以用小盆接住那些油。”

老师的话 腊肉在晾晒的过程中，会蒸发油水，于是出现了孩子们说的滴“水”现象。发现问题后，孩子们积极想办法，让我意外的是，孩子们想起了陈老师用纸皮垫在厕所门口吸水的方法，这个看似小小的举动，却给孩子们留下了深刻的印象。孩子们用自己的办法解决了问题，他们因此而自豪，有效地帮助孩子们建立了自信。

活动八：腊肉为什么会长白点

1. 发现腊肉长白点

腊肉已经晾晒几天了，每天都会有值日观察员负责关注腊肉的变化，在今天的观察中，孩子们发现了不一样的现象，腊肉上长了好多白色的点。这是为什么呢？孩子们会怎么找出答案呢？

梓彤：“可以上网搜索一下。”

云骐：“老师的手机也可以找答案。”

可可：“我爸爸以前常带我去图书馆，那里也可以找到答案。”

小宝：“我们也可以去问一问厨房叔叔。”

2. 分小组找出答案

结合实际情况，我们分成了两个小组，一组通过上网搜索问题的答案，另一组找到厨房叔叔，请厨房叔叔帮忙解答。两组的调查结果都讲到了：咸肉因在腌制前用盐腌渍，在熏制后水分熏干，使咸肉在静放一段时间后，外溢的盐分在咸肉表层产生一层盐霜，就是孩子们看到的小白点。

老师的话 实践探究的过程就是一个发现问题、解决问题的反复过程，孩子们在探索中发现的问题，会想办法解决。有时会联系生活中的经验，有时需要借助成人的帮助，或者电子技术的支持。在这一系列的过程中，孩子们解决问题的能力得到了提升，养成了良好的学习习惯。

活动九：腊肉的N种吃法

腊肉晾晒完成了，孩子们把腊肉收回放在回课室。看着自己做的腊肉，孩子们兴奋地讨论要怎么做腊肉吃。

幸怡：“可以豆腐干炒腊肉，很香很好吃。”

阿翔：“我奶奶会做腊肉炒大蒜，我可以吃两碗饭。”

语晨：“我妈妈带我去喝茶时，有腊肉麦豆饭。”

萱萱：“我吃的是腊肉炒荷兰豆，我在家会帮忙挑豆子。”

可可：“我吃的是一片片的腊肉，全部都是腊肉。”

镜之：“萝卜粄里面也有腊肉，很小粒。”

老师的话 孩子们的经验源于生活，善于观察发现的他们，对自己日常的饮食有一定的印象，说出了自己知道的腊肉吃法。在互相分享过程中，他们认真地将日常生活中自己觉得美味的搭配分享出来，还用绘画的方式表现出来腊肉的N种搭配，表达了对腊肉的喜爱和热情。

活动十：制作腊肉饭

腊肉那么多的搭配吃法，哪一种是孩子们的最爱呢？大家投票选出来的是腊肉饭，大家将材料带来班上，准备一起分工合作做腊肉。

梓彤：“我来剥麦豆吧。”

云骐：“我想切腊肉。”

可可：“我最喜欢洗东西了，可以帮忙洗腊肉和麦豆。”

小宝：“我想切葱。”

艺诚：“我可以洗米，在家里我会帮奶奶洗米，很干净。”

老师的话 腊肉饭的做法比较简单，准备好材料放进电饭煲就可以了。孩子们在之前很多的分工合作经验中，很快就把材料准备好。在等待腊肉饭的时间，孩子们主动收拾桌子。平时在生活区，孩子们也养成了主动收拾的良好习惯。是的，习惯的养成非一朝一夕，一日生活的每个环节都很重要。

活动十一：带着腊肉去旅行

周末是班级的亲子户外野炊活动，爸爸妈妈知道班上做了腊肉，也想尝一尝孩子们的手艺。于是，孩子们商量决定带腊肉一起去“旅行”。家长在灶台周围忙碌着，孩子们则在一旁帮厨，每个小组对腊肉的做法都不一样，孩子们吃得可开心了。

阿翔：“我们组做的是腊肉炒荷兰豆，太好吃了。”

语晨：“这是我包的腊肉萝卜粄，腊肉藏在里面。”

萱萱：“我们组的是蒸腊肉。”

可可：“我们组的腊肉包在豆腐里，很好吃。”

老师的话 借着户外活动的契机，我们把腊肉带给了家长，家长肯定了孩子们劳动成果，对孩子来说不仅仅是开心与满足，更多的是促进孩子们自信心和成就感的提升，激发孩子对此类活动继续学习探究的兴趣。在家长的努力下，也让孩子们品尝到关于腊肉的更多搭配吃法，拓展了孩子们的生活饮食经验。

课程感悟

劳动教育是孩子成长过程中的必修课。此次活动起源于孩子们对腊肉的好奇。以此为教育契机，我们抓住孩子们的兴趣点及学习需要，与孩子们一起探索腊肉的制作过程，挖掘劳动课程的教育价值，让孩子们感受到劳动的不易，感知通过劳动收获的喜悦，树立正确的劳动观和劳动态度，提高幼儿的动手能力、生活自理能力及责任感，热爱劳动，养成爱劳动的习惯，促进幼儿的身心发展。通过主题活动的实施，在认知方面，孩子们了解了腊肉制作的全过程，满足了幼儿强烈的好奇心。在制作腊肉的活动中，孩子们在摸一摸、做一做中，感受到了肉的黏滑性，也知道了配料的用法用量，积累了一定的生活劳动经验。在能力方面，通过给腊肉揉搓使其入味上色，感受动作和力量的协调配合，锻炼小手肌肉。通过处理问题，提升了分析、综合、比较、概括能力，促进思维发展。在情感方面，通过坚持完成腊肉制作的全过程，孩子们体会到了劳动的不易，学会做力所能及的劳动帮助身边的人，懂得尊重工作人员的劳动，珍惜劳动成果。长时间的劳动过程，也让幼儿明白了坚持的重要性，逐步形成吃苦耐劳、克服困难的品质。劳动教育存在于幼儿的每日生活中，我们将继续发现幼儿对劳动教育的兴趣点，进一步构建丰富的劳动课程内容，促进幼儿的身心发展，激发幼儿对劳动的热爱。

实录二 豆宝宝成长记

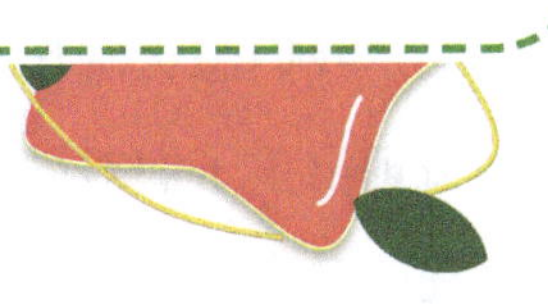

课程缘起

我们小班进行的是“蔬果乐”探究型主题活动。在种植的过程中，我们的种植区需要种点什么呢……孩子们各抒己见，说出自己想要种植的蔬菜，有的说：“老师，我想种青菜。”“老师，西红柿最好吃了。”“我喜欢吃豆芽。”“我想种西兰花。”……那么多蔬菜要怎么选择呢？于是，孩子们决定用投票的方式选出想种植的蔬菜。经过孩子们的一轮投票，豆宝宝的票数最多，深受孩子们喜欢。结合孩子们种植的兴趣点，我们小三班开展了班本课程——“豆宝宝成长记”活动，与孩子们一起探秘、感知豆宝宝成长之旅。

前期审议

大自然是最好的教育资源，总能吸引着富有好奇心的孩子们。《3—6岁儿童学习与发展指南》中也指出：“经常带幼儿接触大自然，激发其好奇心与探究欲望。”大自然和生活中真实的事物与现象是幼儿探究的生动内容，而豆子也是日常生活中最常见的食物，为孩子所熟悉，因而将豆宝宝作为孩子的学习资源之一，融入到幼儿的日常生活和学习生活中，创设宽松、自主的自然学习环境，与自然积极互动，提高幼儿自主学习、主动探索能力。让幼儿在探索豆宝宝的成长过程中，体验劳动的乐趣，自觉爱护植物，在感受植物的生长过程中，懂得珍惜生命，培养初步的责任感。

从孩子身边熟悉且感兴趣的豆宝宝出发，我们开展了第一次的头脑风暴讨论“关于豆宝宝你想知道什么”。教师鼓励孩子说出自己的疑惑，小朋友们说：“豆宝宝成长需要什么？”“豆宝宝种在哪里？”“谁来照顾豆宝宝？”“豆宝宝是土培还是水培？”“我们怎么制作肥料？”原来，孩子们对“豆宝宝”有那么多想知道的。为此，我们梳理出孩子们对“豆宝宝成长”的探究线索，追寻孩子兴趣的脚步开展豆宝宝成长记课程。

前期准备

幼儿经验分析	材料提供	资源收集	教师知识准备
1. 认识一些生活中常见的豆子。 2. 喜欢豆子，吃过一些豆制品的美食。 3. 没有种植相关经验	1. 提供相关材料及记录表（如：放大镜、剪刀）。 2. 提供相关绘本（如：《豆芽君，加油！》《会爬的豆子》）	1. 与孩子一起收集各种豆子。 2. 收集有关植物种植的绘本故事	查找相关资料，先深入了解豆宝宝种植的相关内容，为本次课程探究预设研究目标

课程目标

核心素养	主题目标
人文底蕴	1. 通过豆子粘粘贴贴的艺术创造来表现和传达自己的审美意识。 2. 愿意与人交往，能与同伴友好相处，共同完成小任务
科学精神	1. 具有初步的种植探索能力。 2. 经常问各种问题，好奇地用工具观察记录豆子
学会学习	1. 对感兴趣的事物能仔细观察，发现不同豆子、豆子生长时期的明显特征。 2. 体验和发现在种植的过程中会用到数数。 3. 能通过简单的调查收集信息。 4. 能用图画或其他符号进行记录
健康生活	1. 初步了解和体会植物和人们生活的关系。 2. 为自己的种植活动成果感到高兴

续 表

核心素养	主题目标
责任担当	1. 喜欢接触大自然，对豆子及种植活动感兴趣。 2. 喜欢接触新鲜事物，具有初步的探究能力
实践创新	1. 喜欢承担一些照顾豆宝宝的小任务。 2. 认识常见的豆类，能注意并发现其多种多样性

课程内容

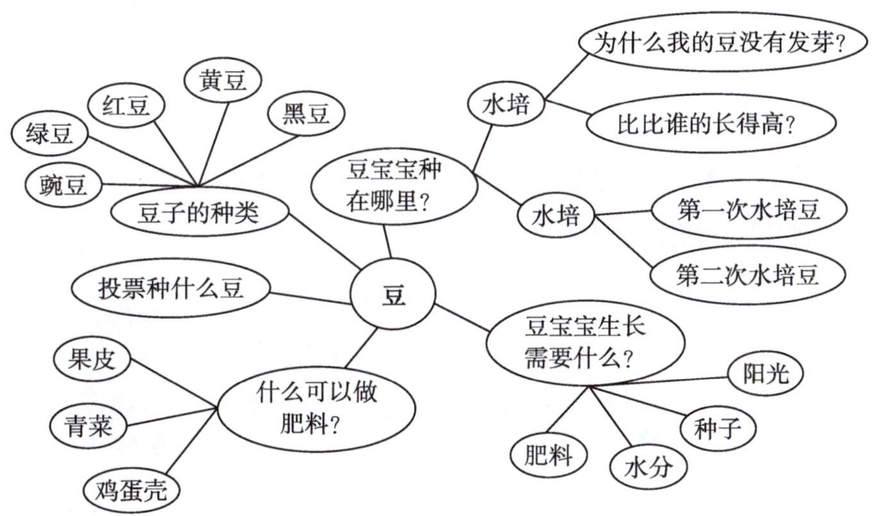

课程开展

活动一：豆子大调查

1. 收集问题

通过发放亲子调查表，了解孩子对豆宝宝种类的认识，收集幼儿想了解的与豆子有关的内容。

2. 分享调查表

幼儿能够大胆地讲述调查表的内容，乐意表达自己的想法。汇总幼儿的记录，有计划地开展豆子的成长探究活动。

我有一个秘密！

快点告诉我～

活动二：豆宝宝，你好

1. 找一找，认一认

孩子是学习的主体，为了了解孩子们关于豆子的已有经验，请幼儿在家里找一找身边的豆子，并将其带来班上与同伴分享。

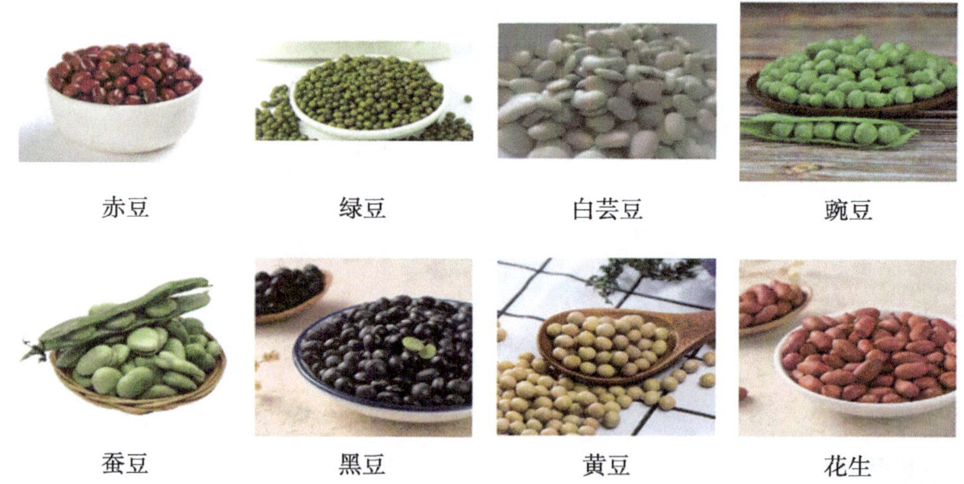

赤豆　绿豆　白芸豆　豌豆

蚕豆　黑豆　黄豆　花生

2. 看一看

孩子们能够根据豆子说出相应的豆子名称，了解豆子有许多种类，观察不同豆子的特征。大胆表达自己的想法，对探究豆子感兴趣。

活动三：讨论——水里能长出东西？

1. 水里不能长出东西

冰冰："水里不能长东西，小种子会被淹死。"

听听："小花小草都是长在土里的，水里肯定不行。"

信哲："水里没营养，不能长出东西的。"

2. 水里能长出东西

浩浩："水里当然能长出东西，西湖边的荷花就是水里长出来的。"

瑞瑞："我知道洋葱就是长在水里的。"

灿灿："我家里就有水里长出的东西。"

晖晖："我看到奶奶在水里种大葱呢！"

小予："我看到其他班在水里种番薯，长出叶子了。"

活动四：水培豆芽

1. 讨论豆芽培育方式

一诺：“豆芽哪里来的？”

嘉豪：“那还用说，肯定是土里种出来的呀！”

桐桐：“我听妈妈说好像是用水种出来的。”

小予：“肯定不是，植物都是土里长出来的。”

涵涵：“老师，豆芽到底是怎么种出来的呀？是土里还是水里呀？”

2. 了解豆芽培育方式

如何种植豆芽呢？我们一起来看看吧！（观看豆芽的培育视频）

1. 选豆，清洗时注意将全部漂浮的豆子除去（漂浮的豆子可能是空的或坏的）。
2. 绿（黄）豆加水浸泡6—12小时。
3. 倒掉水，盖上湿润的纱布开始发。
4. 每天冲洗一次，水倒掉，纱布保持湿润。
5. 生豆嘴儿，20多个小时。
6. 生豆芽，需要4—5天。

小结：豆芽是通过水培的方式长出来的。水培又叫无土栽培，就是不需要泥土只用水来种豆芽的方法。

3. 水培豆芽

孩子们在了解豆芽的生长方式后，也开始了用水培的方式培育豆宝宝。

04/06

THE MOMENT

老师的话 在“豆宝宝成长记”中，孩子们打开了话匣子，孩子们关于水培豆芽的探索从问题开始，什么是水培？水里也能长出东西？你见过水里长出过什么吗？水里真的能种出小豆芽吗？问题提出的同时，孩子们亦在联系生活、自主思考、寻找答案。在孩子们的努力下，开启了豆宝宝种植之旅。

活动五：我陪你长大（谁来照顾豆宝宝）

1. 讨论如何照顾豆宝宝

听听：“我要每天给它浇水。”

睿睿：“我想每天去看看它。”

浩浩：“它长了烂叶子，要帮它摘掉。”

桐桐：“要看看有没有坏豆子。”

2. 制定小任务

在孩子们的讨论后，孩子对怎么照顾豆宝宝有了讨论结果。孩子觉得要每天去给豆宝宝浇水、观察、松土、去黄叶，将任务进行分类，大家分组照顾豆宝宝。于是，我们一起设计了“我陪你长大”的任务栏，幼儿自由选择怎么去照顾豆宝宝从而进行陪伴植物成长的生活体验。

活动六：观察测量豆宝宝

1. 观察豆宝宝

孩子去观察豆宝宝们，发现已经有一些小黄豆、小绿豆、小红豆发芽了，它们令小朋友们十分高兴。有的孩子也发现了，有的豆子还没有长芽。

2. 测量、统计

有多少颗豆子长芽了？还有几颗豆子没长芽？孩子们用小手开始点数统计。

活动七：为什么豆子不发芽

在活动探索的过程中，孩子们发现有的豆子发芽了，有的没有发芽，为什么呢？

一诺："因为我忘记放肥料。"

涵涵："没有按时浇水。"

晖晖："因为我放在架子的下面，晒不到太阳。"

燕琳："因为泥土里有虫子，把我的种子吃掉了。"

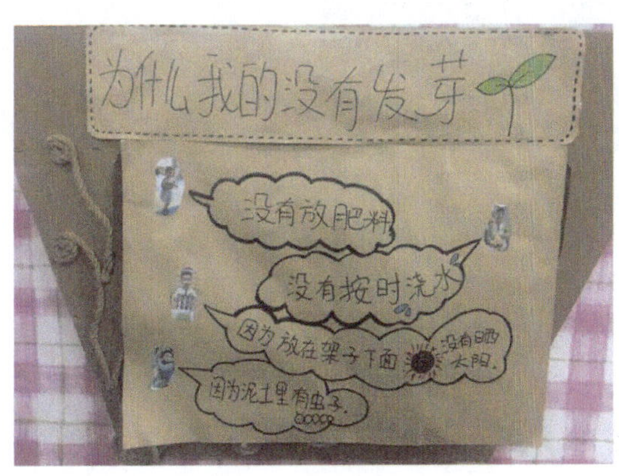

活动八：豆宝宝成长过程

1. 了解种子的发育过程

原来这些豆子都是植物的果实，每一颗豆子也是一粒种子，由胚芽、胚轴、种皮、胚根、子叶组成，它的每一个部分都发挥着不同的作用。

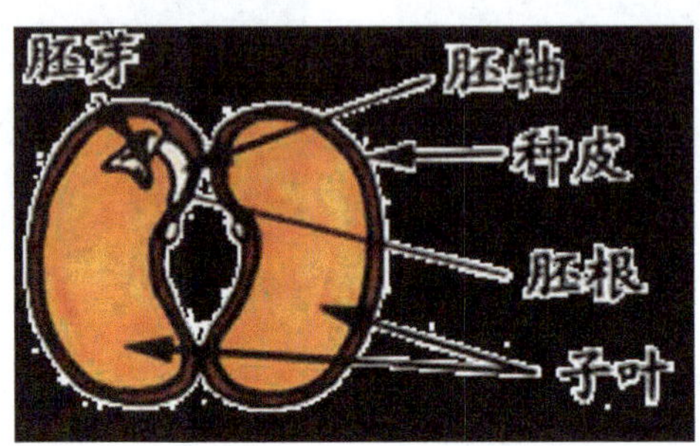

2. 记录豆宝宝成长过程

幼儿了解到不同时期种子发育的不同状态，结合自己的观察，用绘画的形式记录。

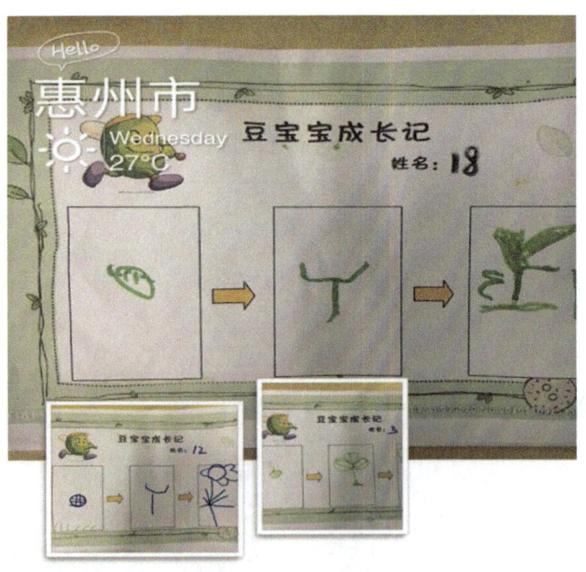

—— Jun.23.2021 ——

“豆宝宝成长记”的主题课程进行中，在前期的活动探索过程中，我深深地为孩子

们主动参与、积极探索的精神所感动。豆宝宝深受孩子们喜欢，所以在探索的过程中，孩子们紧紧围绕豆宝宝提出了许多有意思的问题，如何更有效地找出答案呢？老师作为活动的支持者、引导者、合作者，需要给予幼儿足够的时间、空间及环境支持，设置植物角，创设一个幼儿与幼儿、幼儿与教师、幼儿与环境互动的学习小天地，形成合作探究式的师生互动。在教学活动中，耐心倾听幼儿的想法与感受，注重以体验式、参与式、对话式等形式，支持、鼓励他们大胆探索与表达，彼此相互分享，并学会运用已有的经验解决探索中发现的问题。幼儿在探究的过程中，不断地学习发现，逐渐了解到了豆子的种类、外形特征及培育生长方式，对植物的生长过程也有了进一步的认知。那接下来孩子们还会带来什么问题呢？对此将从哪些方面进行深入学习？孩子们产生了以下几个问题：

（1）豆芽可以长多高？

（2）怎样才可以让豆芽长更高？

（3）豆芽怎么做好吃？

（4）豆子还可以用来做什么？

……

活动九：比哪颗豆芽长得高

小朋友们观察比较豆芽的高矮，引导幼儿讨论豆子不一样高矮的生长情况，教师引导幼儿知道绿豆种子发芽也像小朋友一样需要呼吸，需要喝水。

老师的话 孩子在观察比较中发现了豆芽生长的速度不一样，有的长得快，有的长得慢。空气和水是绿豆种子发芽不可缺少的条件。活动中让幼儿体验收获是需要等待的，也是要付出劳动的，我们所吃的食物是来之不易的，要学会珍惜。

活动十：我们一起制作肥料

通过活动教师带领孩子们尝试制作肥料，掌握制作肥料的基本方法，鼓励幼儿积极参与制作肥料活动，学会区分液态肥和固态肥。幼儿通过制作肥料的活动，知道厨余垃圾的循环利用，保护环境。

老师的话 生活中，还有一些制作肥料的方法。落叶枯枝——就是自家花园的植物枯枝或是街道两边的落叶，这也都可以制作成花肥。鸡蛋壳——鸡蛋壳本身就含有许多微量元素，对植株生长很有利。可以将其洗净，晾干，之后捣碎和适量土壤搅拌在一起，就可直接做化肥使用，是养分很充足的有机磷肥。动物粪便——家里有养宠物的，可将动物粪便和适量土壤混合在一起，之后放在太阳下暴晒，等完全发酵后作化肥也可以，肥力较佳。这些制作肥料的方法，小朋友们在家也可以尝试一下。

活动十一：豆芽君，加油！

简介：通过一个小男孩跟奶奶一起观察豆子变成豆芽的过程，了解植物生长的奇妙。以绘本的形式给孩子讲解身边的科学，能吸引孩子的阅读兴趣。有趣的故事加插图包含科学信息；引导孩子积极参与，积极思考。

听听：“我种的豆芽也是奇妙的成长，有的长得高。”

睿睿：“我们的黄豆、绿豆、红豆都发芽了。”

活动十二：会爬的豆子

简介：这是一个非常暖人心的故事，这是一个会爬的豆子，是一个自己知道该去哪里该帮助什么人的神奇的豆子。小朋友快来看看这个绘本故事吧！阅读是一件很神奇的事情，有些时候我们的教育方式会有偏差，但是一个会阅读的孩子，一个喜欢阅读的孩子，书籍会教会他明辨是非，成为一个能听讲道理、好沟通的孩子。

活动十三：美食分享——炒豆芽

1. 制作美食

孩子们的豆芽长出来啦！大家一起商量做好吃的豆芽。孩子们分工合作，有的挑豆芽，有的洗豆芽，有的帮忙炒豆芽。孩子们闻着香味，忍不住说：“真的太香了！”“好想吃！”

2. 品尝豆芽

涵涵：“豆芽真是太好吃了！还想吃！”

昕妤：“黄豆芽比绿豆芽要胖一点。”

安安：“我们自己种的豆芽最好吃。”

老师的话 孩子们自己动手种植的豆芽，真是安全、卫生又美味呀。孩子们看着一颗颗小豆子，在短短几天的时间里长出嫩芽，品尝到亲手种的豆芽，真是一件开心的事。孩子在种植的过程中收获了知识与经验，体验到种植成功的喜悦。

活动十四：豆子创想（美术）

在“豆宝宝成长记”一系列活动中，孩子们表现出了浓厚的兴趣。

孩子们发现不同的豆宝宝有不同的颜色，是否可以用豆宝宝作画呢？为了满足孩子们的创作愿望，我们开展了“豆子创想”活动。

一泽：“我喜欢吃西红柿，我用黑豆和腰豆拼贴西红柿。”

劭景：“我用黄豆和黑豆拼贴甜椒。”

课程感悟

教育家陈鹤琴说过："大自然大社会都是活教材。"基于这一理念，结合小班幼儿的年龄特点，我班孩子通过讨论、投票，以孩子们最感兴趣的豆宝宝为切入点，老师和孩子们一起发现有关豆宝宝种植的有趣现象，一起探究、寻找答案，并通过各项活动积累认知、情感、能力等方面的经验。在认知方面，了解了植物生长的过程，从播种开始，经历萌芽、育苗、生长、成熟、收获的完整过程，满足了幼儿探究的好奇心。在能力方面，幼儿通过亲身体验、亲自动手，观察从一颗豆子到豆芽的蜕变，感受生命的神奇，增强了动手能力，享受到了活动带来的乐趣，体验到了种植成功的喜悦，进一步建立了种植方面的经验，提升自信心。在情感方面，孩子对动手操作活动会表现出极大的热情，在种植豆宝宝的过程中，孩子们细心地观察、照顾豆宝宝，关注每天的变化，心情也随着豆宝宝的成长起伏，培养幼儿的耐心，增强了幼儿的责任感。在豆宝宝成长记中，孩子们参与感强，接下来将继续追随着这份兴趣，进一步延续课程内容，让孩子在观察—猜想—探索—体验—总结的一系列探究路径中爱上自然，热衷于生活。

第四章
健康生活

实录一 生命教育——我从哪里来

课程缘起

《3—6岁儿童学习与发展指南》指出：“成人要善于发现和保护幼儿的好奇心，充分利用自然和实际生活机会，引导幼儿通过观察、比较、操作、实验等方法，学习发现问题、分析问题和解决问题。”开学初，孩子发现班上两位老师肚子凸起来了。充满好奇心的孩子们便开始讨论起来：“老师的肚子大起来了？”“老师的肚子怎么了？”“老师肚子里是不是有小宝宝了？”“为什么会有宝宝？”“宝宝是怎么进到肚子里的？”“宝宝是男生还是女生？”“宝宝是怎么出来的呢？”……有人说，孩子是爱情最美好的结晶。而当孩子到了似懂非懂的年龄时，“我从哪里来？”成为许多好奇宝宝关心的问题。为了保护孩子们的好奇心和探究的欲望，主动寻求答案是孩子们认识世界的一种方式，基于孩子们对生命起源和孕育表现出极大的兴趣，我们开始了“生命教育——我从哪里来”的班本主题探究课程，与孩子一起去解开这个奥秘。

前期审议

生命教育一直是孩子成长过程中非常重要的课堂。幼儿园是开展生命教育课程的起点，幼儿在幼儿园中认识生命的价值、懂得爱护生命、探索生命的意义，为以后践行人与自然协调发展制造良好的前提条件，同时也为幼儿形成人与人之间友好相处的意识做铺垫，从而促使其形成良好的道德品质。幼儿园阶段的幼儿对于“生命”这一相对抽象的词语很陌生，因此教师应该从最原始最直观的生命体“自己”开始践行生命教育。幼儿在认识自己的过程中明白生命的价值并且懂得自身存在的意义，从而为其形成科学合理的人生观价值观做铺垫。

恰逢班级两位老师都怀孕，老师身体的变化，引起了孩子们对“生命的起源”的兴趣，在孩子的日常交谈中也发现班上有4个孩子的妈妈也怀孕了，孩子们对自己妈妈和老师肚子里的宝宝很感兴趣，因此我们开展了第一次“我从哪里来？”的大讨论，鼓励孩子说出自己的想法，相互讨论，如：“我应该是从妈妈肚子里来的？”“我为什么生下来就是男的？”“我在妈妈肚子里是怎么长大的？”等。原来，孩子们对“我从哪里来？”有那么多好奇的探究点。为此，我们梳理出孩子们对“生命教育——我从哪里来”的探究线索，追寻孩子的脚步开展此课程。

前期准备

幼儿经验分析	材料提供	资源收集	教师知识准备
1. 对自己从哪里来有初步的认识。 2. 对生命的来源也充满了好奇。 3. 对生命的起源和生命的本质的认识处于表面的认知	1. 提供相关材料及记录表（如：孕期变化记录表）。 2. 提供生命孕育科学绘本：《小威向前冲》《呱呱坠地》《母乳是最棒的》等	1. 与孩子一起收集与生命起源有关的绘本。 2. 收集婴儿用品如胎动仪	查找相关资料，先深入了解“生命起源”，为本次课程探究预设研究目标

课程目标

核心素养	主题目标
人文底蕴	1. 深入探索“我从哪里来”的内容，知道生命的重要性。 2. 理解生命的意义，萌发珍视生命的情感
科学精神	1. 了解生命的起源以及过程。 2. 知道胎儿发育各个阶段的特点，了解浅显的生命科学的知识
学会学习	1. 在探索过程中，能用数字、图画、表格或其他符号进行记录。 2. 养成勤于思考、乐于探究、善于学习的习惯

续表

核心素养	主题目标
健康生活	1. 知道生命的重要性，理解生命的意义，能正确认识自己 2. 能主动发起活动或在活动中出主意、想办法。 3. 与别人的看法不同时，敢于坚持自己的意见并说出理由。 4. 拥有真诚、善良、坚强、抗挫、爱与感恩等积极品质
责任担当	1. 通过体会妈妈十月怀胎的辛苦，懂得母爱的伟大。 2. 学会感恩，会用自己的行动感恩父母
实践创新	1. 善于发现和提出问题，有解决问题的兴趣和热情。 2. 能用“怀”宝宝的方法验证自己的猜测，在成人的帮助下能制订简单的调查计划并执行

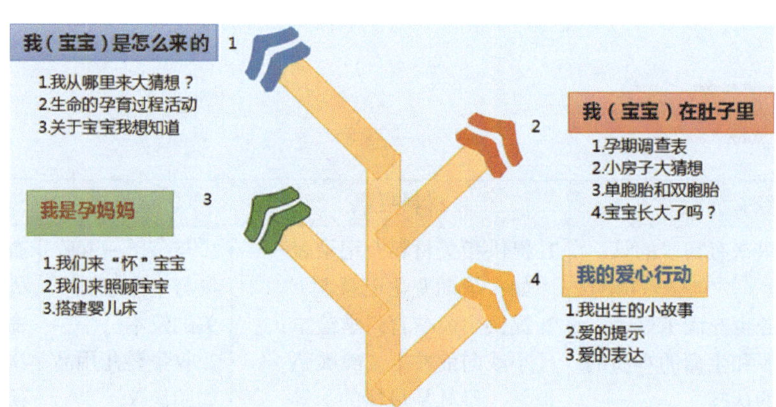

活动一：我从哪里来大猜想

佳乐：“我是从爸爸肚子里出来的！”

子骏：“我从垃圾桶捡来的。”

家乐：“我是大海里的美人鱼生的，所以是从海里来的。”

家铭：“爸爸钓鱼的时候把我钓起来了。”

子平：“从外太空掉下来的。”

弘烜："妈妈画画的时候，我突然就活过来了。"

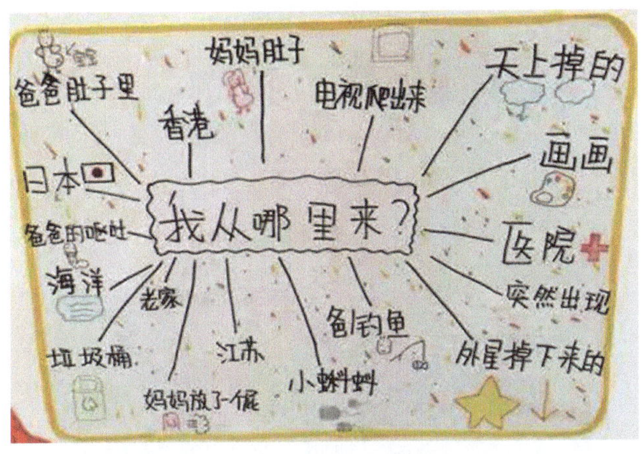

老师的话 孩子们根据自己的经验表达了千奇百怪的想法，他们确信自己说的是正确的！孩子们的想法非常有趣，但他们的想法是否真的正确呢？接下来我们将和孩子们一起进行一系列的探究活动……

活动二：生命的孕育过程

那么到底宝宝是怎么来的呢？于是他们又开始想办法了解真相……

1. 讨论了解的途径

璟铖："那究竟宝宝从哪里来的才正确呢？"

涵韬："我们可以回家问问爸爸妈妈。"

子倪："可以用电脑查一下。"

润秋："我们可以查看一下书上写的。"

云皓："问老师，老师肯定知道答案的！"

2. 阅读《生命孕育的过程》绘本

经过讨论后，孩子们决定邀请班上老师一起来解答……

于是老师利用"生命孕育的过程"的绘本课件与孩子分享了从"一颗受精卵"开始到"婴儿呱呱落地"这一段时间不同的变化，让孩子们形象直观地感知了解生命孕育的全过程。

活动结束后，孩子们还上前轻轻地摸了摸老师的肚子，用小耳朵贴到老师的肚皮上听听胎动的声音。有个孩子还说肚子里的宝宝在踢他的手呢！

我们的发现： 活动中，我们发现让幼儿生动地感知，才能科学地了解生命诞生和孕育的过程，因此我们主要采取感知为主的教育策略，让幼儿通过观看《我从哪里来》《胎儿孕育全过程》课件；聆听老师讲述《小天使的故事》；在区域里投放《小威向前冲》《呱呱坠地》《母乳是最棒的》等科学绘本让孩子自由阅读感知等形式，把朦胧抽象的知识用动画演示出来，把科学道理浅显地、生动形象地展示在幼儿面前。这些科学绘本的融入向幼儿科学、生动、形象地展现了生命成长的由来和秘密。让幼儿形象直观地感知了解生命孕育的全过程的基础上，进一步感受到生命的神奇和父母伟大的爱。

活动三：关于宝宝我想知道

1. 讨论关于肚子里的宝宝，你想知道什么？

墨恬：“宝宝在妈妈肚子里，我想知道他会做些什么呢？”

王晴：“怀宝宝的时候要做什么？”

子骏：“宝宝在妈妈肚子里，他是长什么样的？”

艺诚：“宝宝在妈妈肚子里，是吃什么长大的？”

则灵：“怀宝宝的感觉是怎么样的？”

弘烜：“为什么我生下来就是男的呢？”

佳延：“生宝宝是什么感觉啊？”

子熠：“为什么有些人肚子里只有一个宝宝，我妈妈肚子里可以有两个宝宝呢？”

璟铖：“我想知道剖腹产和顺产有什么不一样？”

思翰：“我们应该怎么照顾宝宝呢？……”

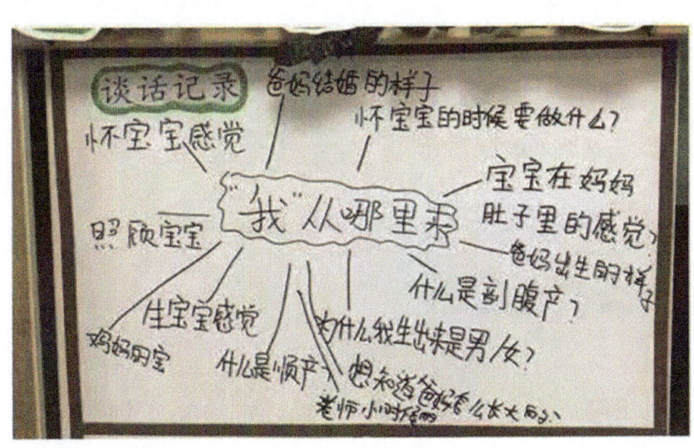

2. 投票选出最想要了解的问题

将孩子们的疑问记录下来，通过投票的方式让孩子们一起选出了他们最想要了解的问题：

（1）宝宝在肚子里会做什么？

（2）怀宝宝的感觉是怎么样的？

（3）宝宝在肚子里是怎么长大的？

（4）如何照顾小宝宝？

（5）为什么有双胞胎和单胞胎……

老师的话 活动中，我们以幼儿为主体，打破了以往“老师提问，幼儿回答”的课堂模式，鼓励幼儿自主提问，把心中的疑惑大胆地提出来。同时在活动中当孩子出现感兴趣的问题时及时捕捉，顺利地延伸到下一活动中或生成更丰富而生动的内容。

活动四：孕期调查表

1. 讨论关于妈妈怀宝宝时的问题

涵涛：“妈妈怀宝宝是什么感觉呢？”

涛萱：“怀宝宝时需要注意些什么？”

昀臻：“怀宝宝肚子很大，是不是很难走路？”

子骏：“妈妈除了肚子会变大，手和脚会有什么变化呢？……”

2. 调查妈妈孕期变化

为了让孩子知道自己妈妈怀孕后的样子、了解妈妈怀孕后有哪些不舒服的反应以及妈妈生产后身体的变化，我设计了调查表，于是孩子们变身为小记者，将调查表带回家，问问妈妈当时怀着自己的时候是怎样的感受以及如何保护自己肚子里的宝宝。

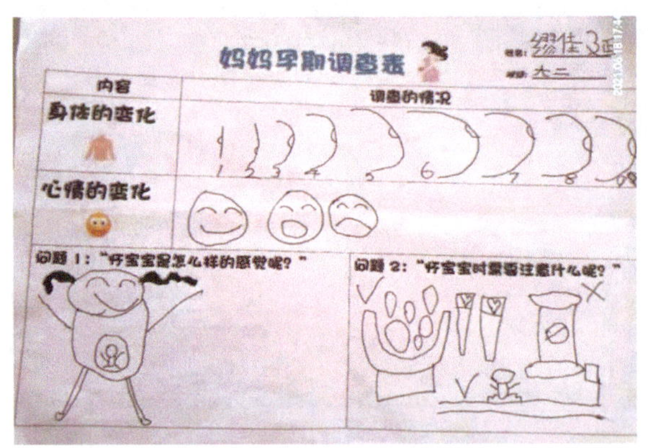

3. 分享妈妈在怀孕时期的感受和身体变化

思翰：“妈妈怀孕时，脚会变得越来越粗，还会抽筋。”

瑾萱：“妈妈怀孕时，肚子越来越大，好像头发也变多了。”

语晨：“妈妈怀孕时比较容易生气和不开心。”

乐福：“妈妈怀孕时很难蹲下来，走路很慢，要坐高椅子。”

家乐：“妈妈怀孕时不能擦口红、吃冷的东西。”

子熠：“我感受我妹妹在妈妈肚子里的时候，妈妈变矮了。要补钙，吃钙片……”

老师的话 在这一过程中孩子通过调查了解到妈妈怀孕时的期待、辛劳、关爱等情况，加深了对妈妈孕育过程的了解。

活动五：小房子大猜想

1. 猜一猜宝宝在妈妈肚子里会做什么？

在活动的开展过程中有幼儿质疑："在妈妈肚子里会干些什么呢？会无聊吗？会哭吗？会动吗？"……

璟铖："宝宝在肚子里会游泳，因为妈妈肚子里有羊水。"

王晴："我觉得宝宝会在妈妈肚子里打拳、翻滚。"

墨恬："宝宝在肚子里会吃东西、睡觉、踢妈妈肚子。"

温鹏："我觉得宝宝会踢足球、跳舞。"

则灵："宝宝会在妈妈的肚子里睡觉、晒太阳。"

子倪："宝宝在妈妈的肚子里运动时会滚来滚去，安静时应该会在睡觉。"

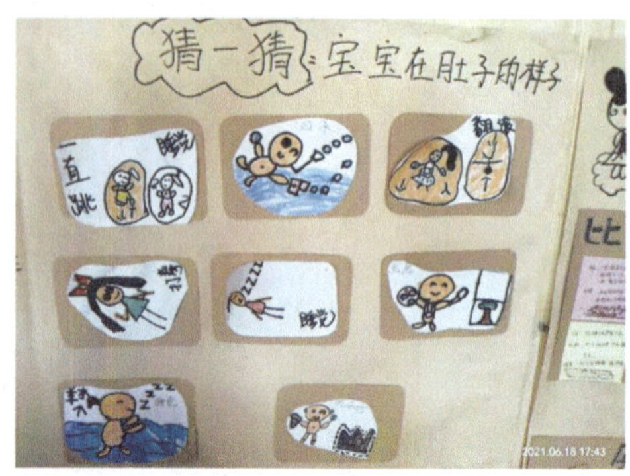

2. 观察宝宝在妈妈肚子里的照片

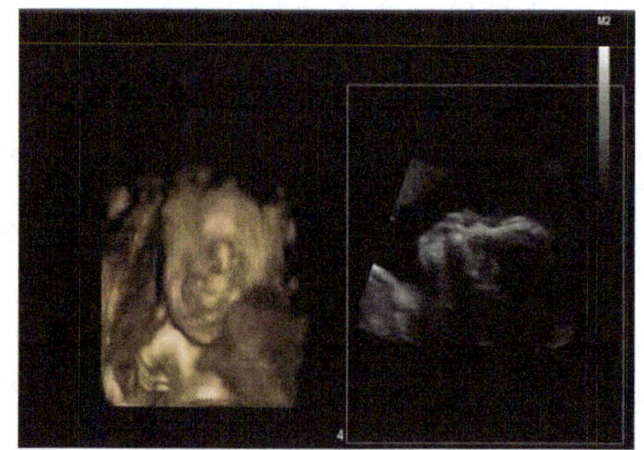

老师的话 幼儿的想法天真有趣，在宽松自主的提问情景下，幼儿自由想象，积极思考，主动要求把“我在妈妈的肚子里”的样子画出来。正是在幼儿大胆质疑提问—自由猜测想象—解开心中疑惑的过程中，让幼儿一点点地了解妈妈的爱。

活动六：单胞胎和双胞胎

观察宝宝在妈妈肚子里的照片后，第二天班上双胞胎也拿了自己的四维照与大家分享，孩子们纷纷提出：为什么黄老师的肚子里只有一个宝宝，子骏子熠妈妈肚子里会有两个宝宝呢？双胞胎是怎么形成的？双胞胎在肚子里会聊天吗？会打架吗？为什么双胞胎有的长得很像，有些又长得不像呢？……

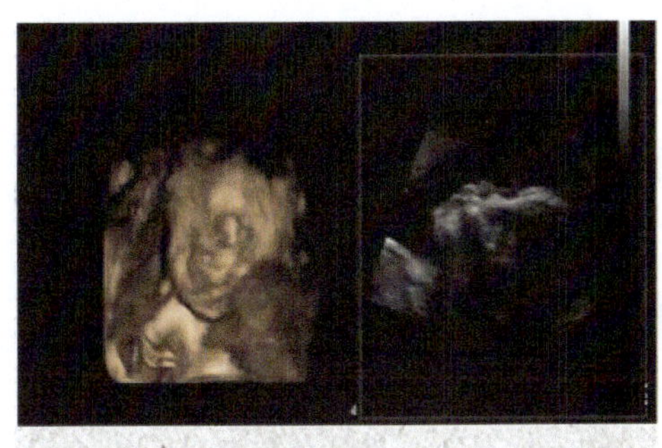
黄老师的宝宝四维照——单胞胎

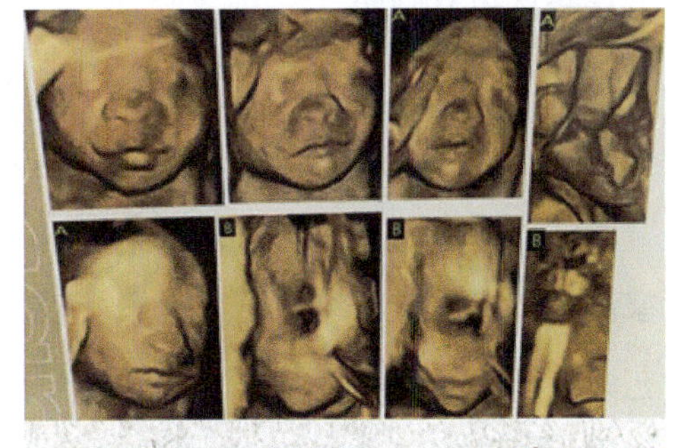
子骏子熠的四维照——双胞胎

1. 了解双胞胎的形成

孩子们通过在“百度百科”上找到双胞胎形成的过程，并一起观看了解：

2. 寻找双胞胎

双胞胎的话题热度在班里持续攀升，宝贝们对幼儿园里的“双胞胎”们，也开始了前所未有的敏感和关注。在了解到宝贝们热切的想法后，大家决定在幼儿园里找寻“双胞胎”，把幼儿园里所有的“双胞胎”都请过来，好好地认识一下！

3. 观察认识双胞胎

南京："子骏和子熠是双胞胎，因为他们长得一样！"

雨萌："子晨和子彬是双胞胎，我认识他们。"

睿辰："原来还有一个男孩子和一个女孩子的双胞胎。"

家铭："有男孩子双胞胎，也有女孩子双胞胎！"

艺诚："还有长得不一样的双胞胎男孩耶！"

在观察和讨论中，孩子发现了：原来双胞胎还有这么多不同的类别啊！有两个男孩子的双胞胎组合、两个女孩子的双胞胎组合，还有一个男孩子一个女孩子的双胞胎组合；有长得一模一样的，也有长得不一样的。

活动七：宝宝长大了吗？

1. 讨论：怎么知道两个宝宝有没有长大？

子平："肚子变大了，宝宝们就长大了！"

镜之："对啊，我看见黄老师的肚子越来越大了，像个大西瓜一样！"

知澍："我都抱不住陈老师的大肚子啦！"

子骏："我有一个办法，我们可以使用一些工具来量一量肚子，这样就能更加清楚地知道小宝宝们有没有长大了！"

2. 工具大找寻

在测量过程中，宝贝们发现围巾和绳子太短，长尺太硬，经过对比和讨论后，大家选出了比较适合用来测量的工具——软尺。

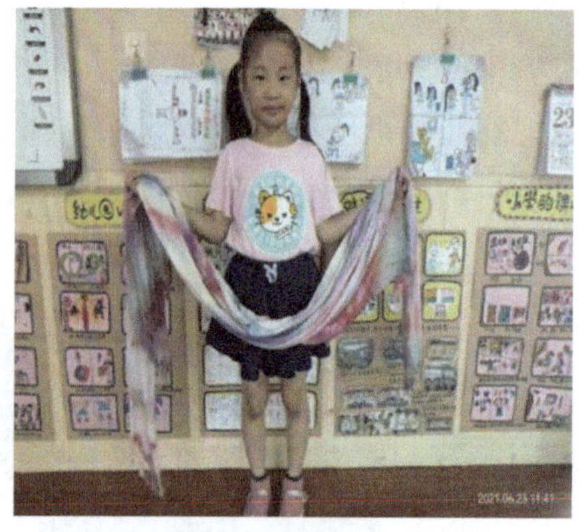

3. 我们来测量

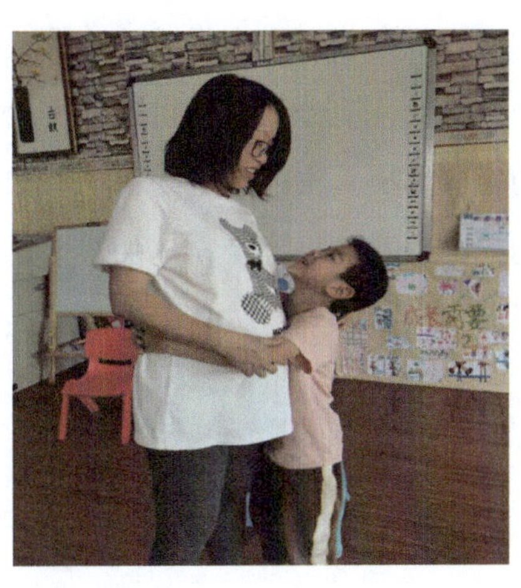

4. 记录宝宝的成长

为了更好地记录双胞胎宝宝的长大过程，宝贝们决定将每次的测量结果都贴在班里的测量墙上，并约定隔两周就给小宝宝们测量一次“身高”，当看到两个小宝宝每次又努力地长大了一点点时，大家都开心极了，整个过程，宝贝们都充满了对宝宝健康成长的期待。

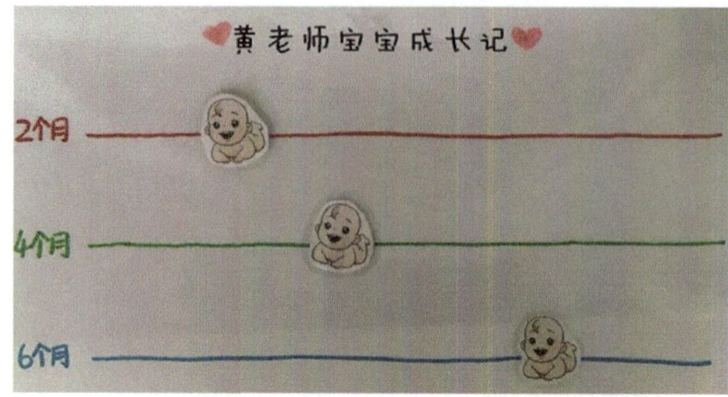

中期思考

在“生命教育——我从哪里来”的课程开展中，我惊叹孩子们脑洞大开的想象力，以及孩子们在这过程当中所表现出来的学习能力和学习品质。在这个过程中，当幼儿产生疑问时，我们不急于告诉答案，而把球抛向幼儿，给予一定的时间和足够的支持让幼儿通过师幼、幼幼、亲子不同形式的互动，如：查找资料、做亲子采访、体验游戏等寻找科学的答案。然后提供幼儿分享交流的平台，让幼儿充分地自由讲述和发表意见，让他们在自主探索、相互分享中学会运用已有的经验解决真实的问题。孩子们在探究的过程中，不断地学习，也慢慢地了解到了生命的起源以及父母养育自己的艰辛，对“生命的价值”也有了进一步的认知。那接下来孩子们对什么感兴趣，还可以从哪些方面深入学习？在这一阶段的课程开展中，孩子们产生了以下几个问题：

（1）怀宝宝的感觉怎么样？

（2）怎么照顾宝宝？

（3）宝宝出生后睡哪里？

（4）宝宝出生后会发生什么事情？

（5）我在妈妈肚子里，妈妈会跟我玩什么游戏？

（6）我在妈妈肚子里，爸爸会做些什么？

……

我们将继续跟随孩子的问题，不断地给予支持、提供条件，让孩子们在探索中自主学习。

活动八：我们来“怀”宝宝

1. 体验游戏——“我来做妈妈”

为了让孩子们感受妈妈们怀宝宝时的艰辛，我们决定开展一次体验“孕妈妈”的活动。孩子们下午午睡起床后来到外操场，将小皮球塞到自己的衣服里，他们将带着这个球宝宝，体验当半天“孕妈妈”。

2. 讨论：当了半天的孕妈妈，感觉怎么样？

泓烜：“吃饭的时候，肚子会顶住桌子，一点都不舒服。”

佳乐：“跑的时候，肚子会跳来跳去，就像在打我一样。”

雨萌：“看电视的时候，驼不了背，会被肚子顶住。”

镜之：“看书不方便，肚子都把书挡住了。”

瑾萱：“走路要很小心，不然肚子会掉下去。”

诗颖：“可我觉得很幸福，很舒服，但我觉得他一定会很调皮。”

老师的话 儿童的学习方式是以体验感知为主的，我们应该积极提供条件，创造机会让孩子在亲身体验中学习，因此组织孩子开展了“我来‘怀’宝宝”的游戏。活动中孩子们纷纷喊道：“大着肚子好热啊！”“老师，我不好弯腰了！”“当妈妈好累啊！”“妈妈真是辛苦呀！”这都是孩子们的真实感受，让孩子们在真实地体验中感受到了妈妈怀孕时的不容易。

活动九：我们来照顾宝宝

半日的孕妈体验让孩子们意犹未尽，于是，我们又增加了一个更有趣的体验活动——护蛋大行动。在活动开始前，我们让孩子们先设想“蛋宝宝”可能遇到的危险并做出相关的保护设施。

1. 讨论宝宝会遇到什么危险呢?

雨萌："宝宝可能遇到从楼梯滚下去的危险。"

昀臻："可能会撞到硬的东西。"

睿辰："没注意的话，容易从桌子上掉下来。"

艺诚："我们睡觉的时候，可能把它压碎……"

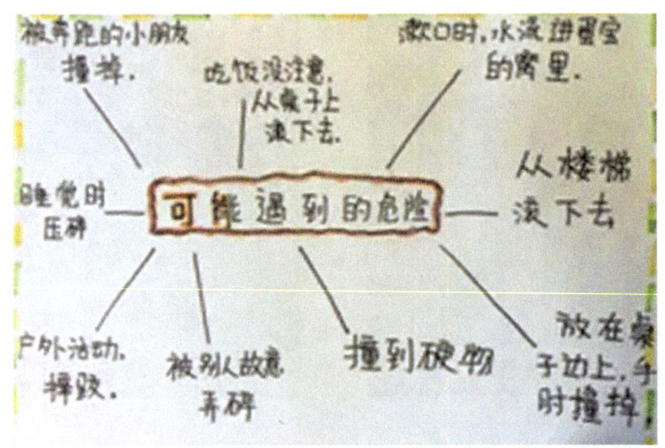

2. 讨论：保护措施有哪些呢?

思翰："用纸巾做一个鸡蛋窝。"

乐福："可以用纸黏土把它包住。"

家乐："可以做一件衣服穿在身上，不让它受伤。"

子熠："睡觉怕压碎，我就不睡觉照顾它。"

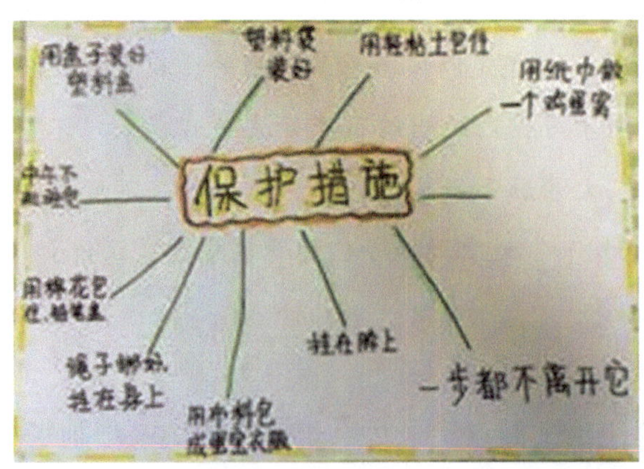

每个蛋爸蛋妈都将自己的蛋宝宝装饰得十分有趣，各种保护措施层出不穷。用餐

的时候，“爸爸妈妈”们各出奇招，为了保护蛋宝宝，不少孩子一手拿勺子、一手扶着“宝宝”，还有的孩子找来盒子当作“宝宝”的婴儿车。

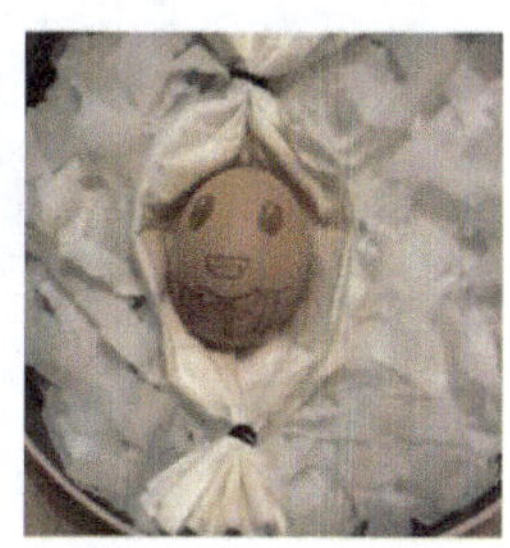

在照顾“宝宝”的过程中，也有不少“宝宝”遇到意外……孩子们感到伤心不已！活动结束后，有13个蛋宝宝回天堂了。每个碎掉的蛋宝宝的爸爸妈妈都哭得特别伤心。

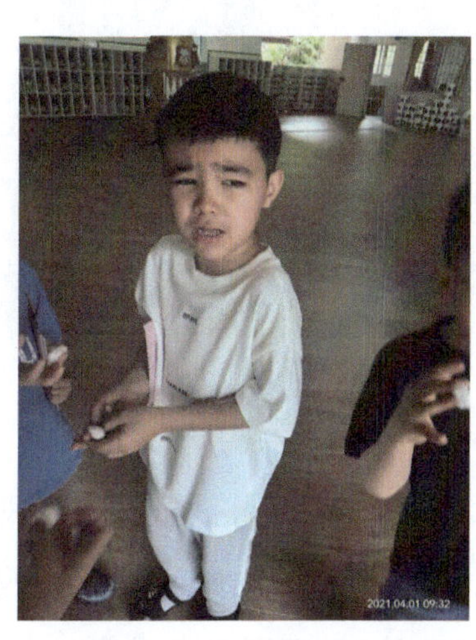

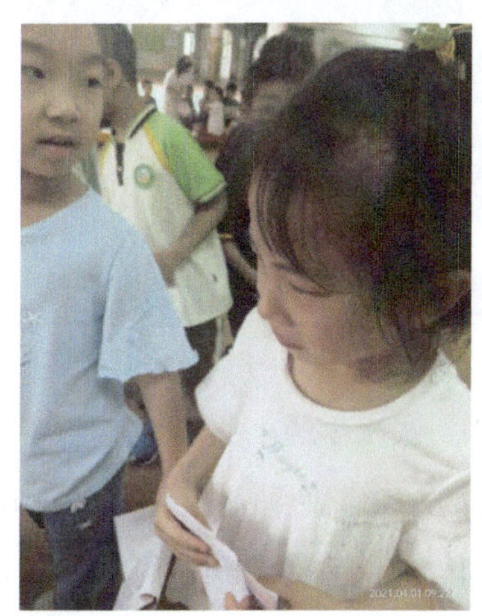

老师的话 蛋宝宝伴随孩子一整天的生活，为了不让蛋破碎，每个孩子各出奇招，小心翼翼地保护着。在活动中，他们能体会到保护易碎的鸡蛋是很不容易的，体会到生命的脆弱，意识到身边有许多事物需要我们给予关心、爱护。

活动十：搭建婴儿床

照顾宝宝的体验活动中，孩子们纷纷提出：幼儿园没有宝宝的床，宝宝睡在哪里？有孩子便提议自己给班上的宝宝搭建一个婴儿床，于是孩子纷纷利用课室里的积木与同伴开始行动起来……

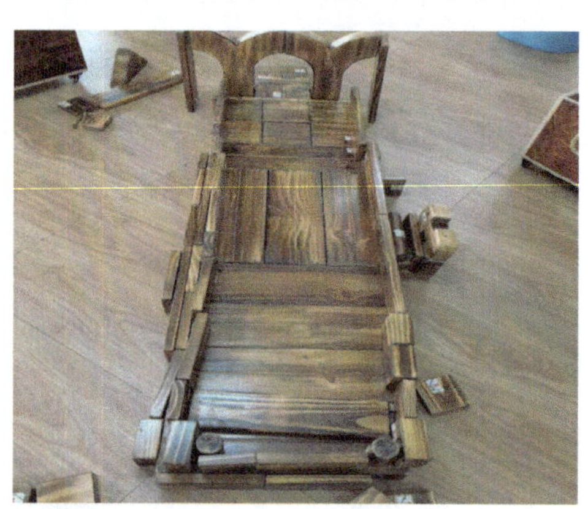

活动十一：我出生的小故事

“孕妈体验”和“照顾小宝宝”的活动，在孩子们或兴奋，或开心，或紧张的心情下结束了。回到家大家纷纷跟爸妈分享着自己一天的所感所想，并且听爸妈讲了关于自己的出生小故事。第二天，大家带着自己出生的小故事来到了班上分享。

雯可：“我妈妈怀孕时每天让我听音乐、对我讲故事进行胎教。”

真丞：“妈妈怀孕时非常辛苦，身体不舒服，要坚持上班，为了我好要吃很多有营养的食物。”

云皓：“妈妈为了我健康出生，每个星期都要进行产检。”

璟铖：“妈妈说在我没出生前，以为我是女孩子。”

南京：“我出生那天，有很多人来看我。”

润秋：“妈妈说，我生下来一直哇哇大哭！”

语辰：“妈妈说我的到来，让她觉得很幸福！”

子骏：“妈妈说我准备出生时她很痛，很难受，但是她一点都不怕。最后我出生了，她就哭了，妈妈说是幸福、开心地哭了！我想跟妈妈说，我好爱她！”

老师的话 孩子在与同伴的分享交流中，不仅让幼儿分享了科学的秘密，对生命的诞生有了更深入的了解，更重要的是一种对妈妈、对生命的爱的分享，而且在这样的过程中，孩子不再是旁观者，而是真正的参与者、活动的小主人。

活动十二：爱的提示

孩子了解到孕妈妈的辛苦，纷纷讨论起来：我们应该怎样保护、照顾班里的孕妈妈黄老师呢？

1. 讨论：怎么照顾孕妈妈？

雨萌：“厕所的地上有水，会滑倒的，提醒黄老师小心地滑。”

南京：“高高的地方很危险，高处的东西黄老师不能去拿。”

睿辰：“大肚子太重啦，不能去拉桌子，我可以来帮帮忙。”

弘烜：“我们上厕所的时候人很多，我要提醒她，在人少的时候走进来，这样就不会挤到小宝宝啦！”

语辰：“黄老师的肚子很大，蹲不下去，低处的东西我来帮忙拿。”

温鹏：“黄老师把我们吃完的碗碟拿到厨房去，太重了，我们帮黄老师拿。”

佳乐：“黄老师老是摸自己的后背，她一定很不舒服，我来帮帮她。”

2. 给孕妈妈设计提示牌

你们不在老师身边时，有什么办法帮助孕妈妈黄老师吗？

子骏：“可以发信息给她，提醒她注意。”

温鹏：“可以画画写字，提醒黄老师。”

王晴：“可以把有危险的地方贴上提示牌，提醒黄老师。”

3. 我来帮孕妈妈黄老师

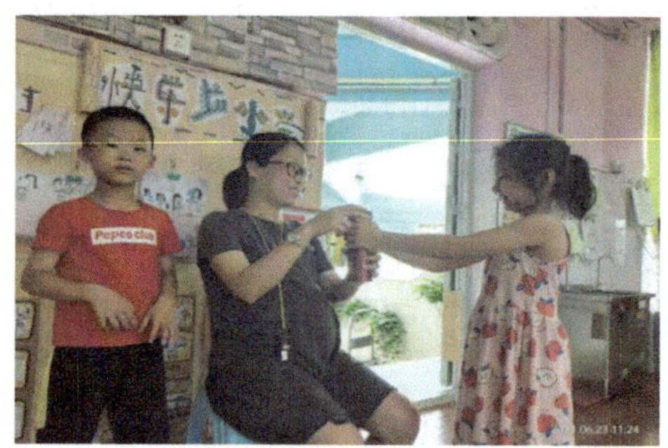

老师的话 孩子的发展有无限的可能，只要我们提供给他们动手和解决问题的机会，他们便可以在解决问题中促进自身的发展。

活动十三：爱的表达

在开展过一系列活动之后，孩子们纷纷感慨道：“原来妈妈为了我付出了这么多”“我要永远爱妈妈”“我要帮妈妈做很多很多事”。

1. 爱的告白

真丞：“我要对妈妈说，‘妈妈我爱你’，我还要给妈妈买一支口红和一条项链呢！”

睿辰：“妈妈说我是勇敢的尼莫鱼，我想对妈妈说妈妈是厉害的女超人。”

家铭：“妈妈送给我很多小兔子玩具陪我睡觉，她还带我去玩，我最喜欢妈妈，那我要帮妈妈拖拖地，还要把爱心送给她。”

雨萌：“我要用手给妈妈比一个爱心，然后对她说‘我爱你’。”

则灵：“我喜欢我的妈妈，我觉得她很漂亮。”

子倪：“我妈妈很辛苦的，回到家里还要洗衣服、叠衣服，所以我会帮她一起叠衣服，我能做的事情，我会自己做的，不让妈妈太累了。”

2. 爱的礼物

送什么礼物给妈妈呢？孩子们经过讨论后决定亲手折一个爱心，并画上一束花送给妈妈，折一个领带送给爸爸，用自己的行动表达对自己父母的爱。

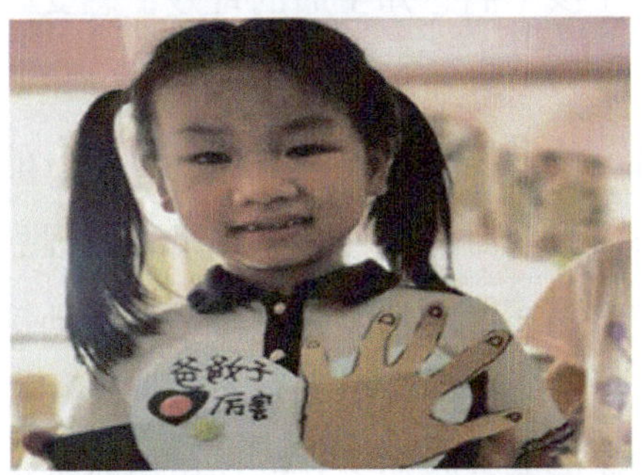

老师的话 整个活动中让生命情感的线索贯穿始终，从了解爱—感受爱—分享爱—表达爱，每个活动中教师都渗透浓浓的爱的情感，让幼儿的情感得到迁移，将爱付诸行动。

课程感悟

生命教育是孩子成长过程中非常重要的一堂课。此次活动起源于孩子们对老师肚子里小宝宝的好奇心。借此契机，我们抓住孩子们的兴趣点及学习需要，与孩子们一起探索生命的“奥秘”，挖掘生命课程的价值，让孩子们感知生命的奇妙，感受妈妈孕育的辛苦和爱，懂得感恩。也让孩子们知道了生命的可贵与亲情的重要，进一步萌发了爱与责任心。通过主题活动的实施，在认知方面，孩子们了解了“我从哪里来”的生命诞生过程，可以看出孩子们惊奇地发现了以往未知的生命的秘密，满足了幼儿强烈的好奇心。在情感方面，发现了孩子们明显的情感变化，会主动帮妈妈做事，会主动送妈妈礼物，尤其在向妈妈主动表达感恩的话语方面变化显著，“妈妈为了我这么辛苦，以后我要更加爱妈妈”“妈妈我永远爱你”“妈妈我爱你像马路那么长”“妈妈我爱你像大海那么深”……孩子们一句句发自肺腑的话语让我们感到他们的情感更细腻了，情感明显外露，他们的心智水平上升到一个新的层面。了解并关注生命是幼儿关心的话题，感受恩情、学会表达是幼儿情感的需要。延续幼儿对生命现象的关注和兴趣，我们不会停下脚步，会进一步构建“生命”课程内容，满足幼儿对生命的好奇，激发幼儿对生命的热爱。

实录二 我的情绪小怪物

课程缘起

9月1日，随着新生入园，幼儿园的哭声不绝于耳。孩子们的分离焦虑表现就是“哭”。每天早上孩子们和爸爸妈妈生离死别般的分离也在幼儿园大门口上演。我们小五班的新生们也无例外，站着哭、坐着哭、抱着哭、打滚哭、排排坐着哭……喝水的时候哭，睡觉的时候哭，玩着玩具哭，吃饭的时候也哭……过度的哭闹严重影响了孩子们在幼儿园的一日生活，有时候一些孩子已经从情绪中走出来，却又被其他哭的孩子带着哭了起来。孩子们的分离焦虑，也直接影响着家长们的情绪，家长也会因此过度焦虑和担心。因此，我们以此为契机，引导家长理解幼儿的情绪，产生共情并帮助幼儿正确认识情绪，陪伴孩子度过分离焦虑，让孩子学会合理表达自己的情绪。

前期审议

儿童教育学最新研究指出：6岁以前的情感经验对人的一生具有恒久的影响。儿童的情绪管理教育对其今后情绪的表达具有重要的意义。小班幼儿情绪情感具有不稳定性，他们不能很好地表达或控制自己的情绪情感，也不能理解别人的情绪情感。反观现在小班孩子正处于分离焦虑阶段，他们的各种情绪处于最大化的时候，每一种情绪都在这个时候被放大、被释放，同时也被看见。因此我们老师认为现在教他们认识自己的情绪是最佳时期，认识了自己的情绪后对于他们的分离焦虑也有帮助。

前期准备

幼儿经验分析	材料提供	资源收集	教师知识准备
1. 认识一些常见的情绪（如：开心、生气、伤心等）。 2. 对情绪的认识不够全面，缺乏合理的表达方式	1. 提供相关材料及记录表（如：情绪小卡片、情绪记录表）。 2. 提供相关绘本（如：《情绪脸谱》《我的情绪小怪兽》）	1. 与孩子一起收集各种情绪卡片。 2. 收集有关情绪的绘本故事	查找相关资料，先深入了解3—6岁幼儿情绪特点，为本次课程探究预设研究目标

课程目标

核心素养	主题目标
人文底蕴	1. 会看画面，能根据画面说出图中情绪，发生了什么事等。 2. 通过阅读关于情绪认知和管理的绘本，对这类绘本产生兴趣
科学精神	1. 能依据特定情境和具体条件，选择一个合理的舒缓自己情绪的办法。 2. 常常动手动脑探索情绪操作材料，并乐在其中
学会学习	1. 对感兴趣的事物能仔细观察，发现不同情绪的表情特征。 2. 能通过简单的调查收集信息。 3. 能用不同的颜色表达情绪
健康生活	1. 知道情绪的重要性，能正确认识表达自己的情绪。 2. 愿意把自己的情绪告诉亲近的人，一起分享快乐或求得安慰。 3. 具有初步自制力，能调节和管理自己的情绪。 4. 情绪比较稳定，逐渐减少因分离带来的负面情绪。 5. 有比较强烈分离情绪反应时，能在成人提醒下逐渐平静下来
责任担当	1. 尊重和接纳自己的情绪和想法，做到自尊自爱，喜欢自己。 2. 慢慢消除入园焦虑，喜欢上幼儿园，对班级和集体具有初步的归属感
实践创新	1. 能用简单的记录表记录情绪。 2. 喜欢承担一些小任务，根据表情图卡完成模仿

课程内容

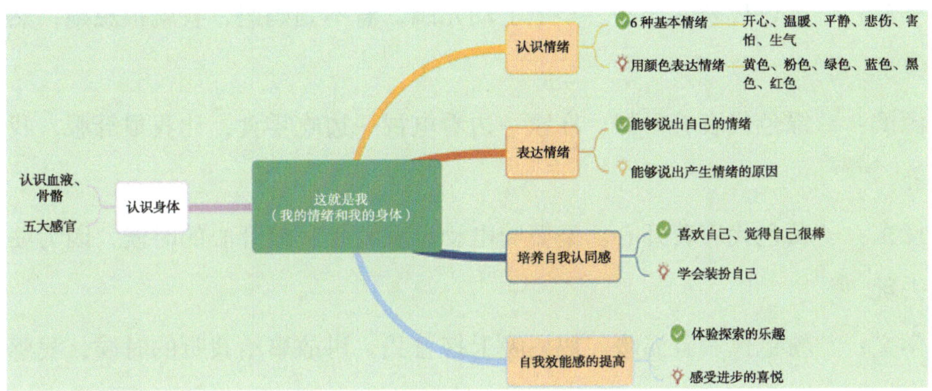

课程开展

活动一：绘本《我的情绪小怪兽》

1. 欣赏绘本

情绪虽然有正负之分，但情绪没有对错。我们应该了解孩子行为背后的情绪，并接纳孩子的情绪，再教会孩子认识自己的情绪，能正确地沟通和表达。于是我给孩子们讲了《我的情绪小怪兽》这本绘本。孩子们惊奇地发现，原来我们有这么多情绪。情绪还可以用颜色来表达。

2. 表达情绪

叶树成：“红色代表着生气。当我在哭，然后妈妈叫我不要哭，还要打我的时候，我就很生气然后哭得更大声。”

朱乔泓：“蓝色代表着伤心。早上上幼儿园，看不到妈妈，我就很想她，然后我就伤心地哭了。”

刘源滨：“绿色代表着平静。在家一边看电视一边吃零食，让我很舒服，我的心情也很平静。”

胡彦东：“黄色代表着开心。婆婆骑电动车载我是我最开心的时候，因为婆婆可以带我出去玩。”

黄学文：“粉色代表着温暖。妈妈晚上抱着我，讲故事给我听的时候，我感觉好幸福好温暖。”

江子彦：“黑色代表着害怕。我看到我妈妈手机里的哥斯拉，我好害怕呀，哥斯拉看起来好恐怖、好吓人呀！”

老师的话 绘本里面，用颜色来代表情绪，对于小朋友来说更容易去理解和体会，也更容易表达出来。我们可以引导孩子通过颜色来表达自己的情绪。比如，生气、愤怒、不爽的时候，会说：“妈妈，我是红色的。”低落、伤心、郁闷的时候，又会说：“我现在是蓝色的。”一旦孩子能这样把情绪表达出来，对于老师或者家长来说和孩子沟通就容易多了。

活动二：认识情绪脸谱

说到“情绪”我们常常会用它来形容成年人，对于孩子来说，尤其是低年龄段的孩子们，我们经常会说他们心情好不好？却不曾将他们心情的好与坏归结为“情绪”。其实孩子在学前和小学阶段，情绪管理非常重要，我们需要特别关注孩子这阶段的情绪，适时引导。情绪决定孩子的心态，影响孩子的自驱力、抗挫力，孩子的人际关系力，孩子自身的表达能力。

1. 说一说情绪脸谱

幼儿看情绪脸谱，根据脸谱表情猜一猜、说一说。

湉湉：“老师，这个小朋友的脸好臭啊，他是生气了吗？”

子杨：“我觉得这个小朋友是快乐的，他笑得很开心呀！”

祝融：“这个小朋友一定很伤心，他哭了……”

城陈：“我觉得这个小朋友是在害羞。”

东东：“她在发火，因为她头上有一个火。她一定很生气吧。”

2. 认识情绪脸谱

教师帮助幼儿认识脸谱上的每种情绪，让幼儿在观察中学会认识情绪、表达情绪。在班上区角中，也将情绪脸谱加入在“心情驿站”中，吸引孩子们的兴趣和关注，让幼儿通过自主的区域学习、与同伴的互动交流中愉悦地促进对情绪的认知。

老师的话 因为情绪太复杂了，有时候大人也对情绪的认知出现模糊，所以通过这张

情绪脸谱，让孩子们通过观察和认识不同的脸谱知道，原来这就是生气，这就是害羞，这就是无奈。直观的图片总能让孩子们有种特别理解的感觉。即使不能准确表达情绪，但是也可以做这个情绪的表情。因此老师认为认识和辨别不同的情绪，才能真正了解情绪、回应情绪。

活动三：童年有张多变的脸

对于天真无邪又单纯的孩子们来说，能够用表情表达自己的情绪是多么快乐的事，于是你能够发现，在情绪脸谱的启发下，孩子们的脸上多了许多可爱的表情。

滨滨："老师，我妈妈生气的时候就是这个表情。"

欣妤："原来这个表情是难过啊。"

丸子："老师我会做这个表情（做鬼脸）。"

于是我们和孩子玩了一个表情变变变的游戏，用自己的小表情来表达自己的情绪并说说这个表情的心情是？

朱古力："我的表情是哭脸，我很难过。"

奕楠："我面无表情，因为我很害怕。"

欧阳："我做了一个鬼脸，我觉得很开心。"

老师的话 孩子们天生就是表情专家，喜欢对着镜子做各种表情。于是我们在心情驿站投放了一份"这就是我"的材料，孩子们对着镜子做着古灵精怪的小表情，然后从情绪卡片里找到相应的情绪卡放在架子上。孩子们在其中认识、学会了更多的表情，也乐于向大家展示自己的情绪，并因此而感到开心、自豪。

活动四：拼出我的情绪表情

当孩子们开始学习用表情来表达情绪后，他们对于自己的情绪表情非常感兴趣，经常让老师猜测他们的表情是什么情绪，然而表情总是只有一瞬间，有什么办法能让孩子们的表情停留得久一点呢？于是我找到了这份“情绪表情拼图”。

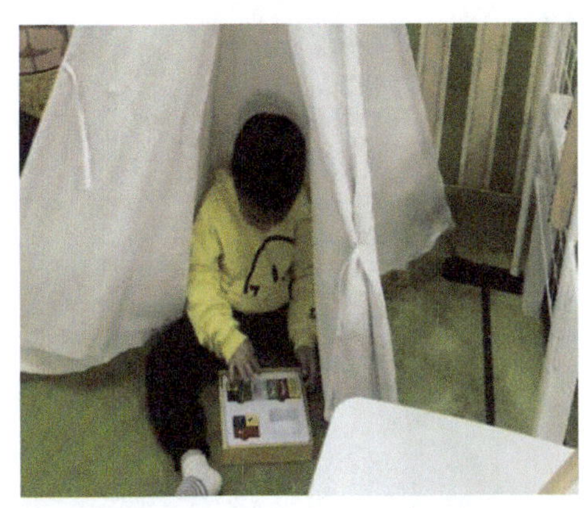

欧阳：“你猜测我拼的是什么情绪表情？”

吴曦：“偷笑？”

殷娜：“开心？”

王子：“我觉得是做鬼脸。”

欧阳：“王子猜对啦。我觉得很搞笑，所以我在做鬼脸。”

老师的话 孩子们热衷于情绪表情的表达，然而当他们真正有情绪的时候，还是需要他们自己去传达自己的情绪。该如何帮助他们学会更好地用表情表达情绪呢？孩子们在操作材料中，其实就是一个自我学习表达的过程。

活动五：表情模仿秀

大家是否有在厕所看到孩子们对着镜子嬉皮笑脸、做鬼脸的样子。他们对着镜子做各种搞怪的表情，用手扯着眼睛嘴巴或者推自己的鼻尖时，他们那个时候的情绪被自己看见了。他们是搞怪的、开心的、调皮的。于是，我们也在心情驿站投放了一个镜子和一盒情绪卡片。孩子们选择一张他们喜欢的情绪卡片放在“今日情绪”架上，然后对着镜子开始做情绪卡片上的表情。看着他们摆弄自己的五官做成卡片上的表情时，是如此可爱又放松。也许这个情绪就是他们曾经内心里真实的情绪。

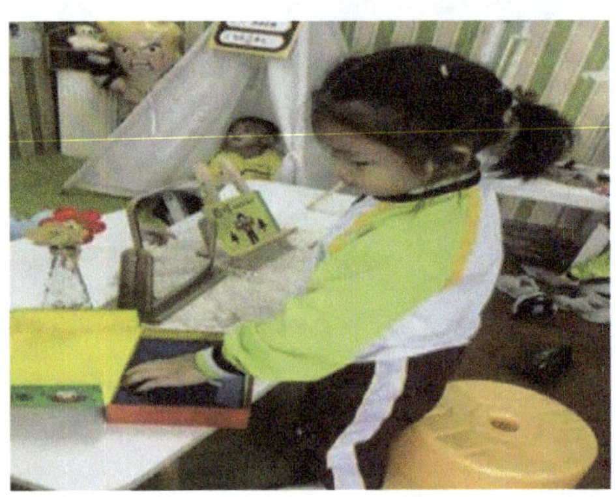

中期思考

随着课程的有序开展，小五班的孩子们对于情绪有了丰富的感官认识，通过看、做、拼，积累了一定的情绪认知。知道了许多情绪名称或者情绪脸谱。然而学会情绪认知并不只是停留在认识上，更多的是要学会发现自己的情绪。在和孩子们交往的过程中，孩子已经开始学会表达情绪了，认知的发展已经到了学会表达和运用层面上了。

因此根据孩子们最近发展区的现状，提供他们表达自我情绪的时机来了。这也是符合他们认识情绪能力的需要，因此我们开始了接下来的班本课程活动，学会表达自己的情绪。

活动六：“我的情绪小故事”亲子作业单

周末，孩子们和爸爸妈妈记录了自己不同情绪小怪物出现时候的故事。原来每一种情绪小怪物随时随地都会出现，有时候是红色的、有时候是绿色的、有时候是蓝色的……

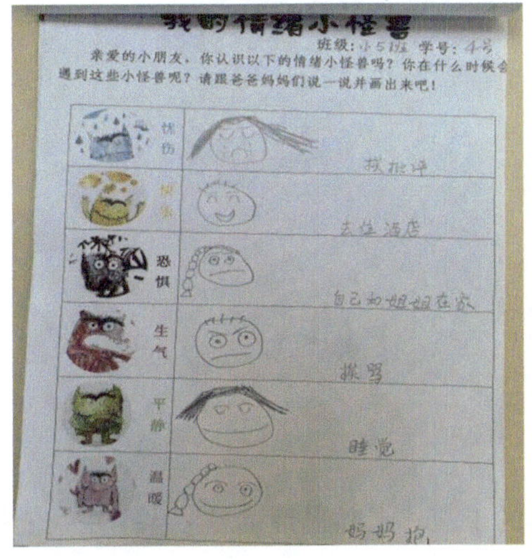

我的情绪小怪兽

班级：小5班 学号：4号

亲爱的小朋友，你认识以下的情绪小怪兽吗？你在什么时候会遇到这些小怪兽呢？请跟爸爸妈妈们说一说并画出来吧！

忧伤	被批评
快乐	去住酒店
恐惧	自己和姐姐在家
生气	挨骂
平静	睡觉
温暖	妈妈抱

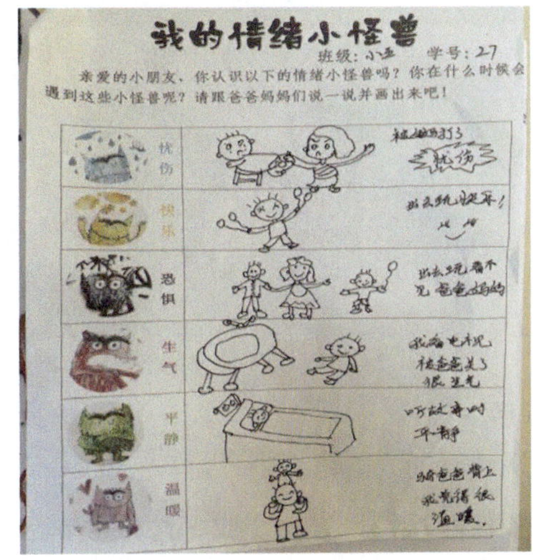

我的情绪小怪兽

学号：27

亲爱的小朋友、你认识以下的情绪小怪兽吗？你在什么时候会遇到这些小怪兽呢？请跟爸爸妈妈们说一说并画出来吧！

忧伤	
快乐	
恐惧	
生气	我看电视被爸爸关了很生气
平静	听故事时平静
温暖	骑爸爸背上我觉得很温暖。

家长反馈：

江子彦妈妈："孩子有一天对着我说，'妈妈你的情绪小怪物经常都是红色的，因为你总是对我生气。'让我非常吃惊的是，孩子会关注妈妈的情绪，而且能够用颜色来辨别情绪。"

黄学文妈妈："晚上睡觉的时候，我抱着学文讲故事。他突然告诉我，'妈妈我的情绪小怪物现在是粉色的啦！'看了老师推荐的绘本后，原来粉色就是充满温暖，爱的情绪。我觉得孩子们用色彩感知情绪这种方式特别好，同时我作为家长也学到了。"

老师的话 情绪的表达有很多种，对于一向内敛的孩子们，用语言表达自己的情绪总是显得比较害羞和吃力。于是我们做了一个形象的情绪小怪物。鼓励孩子们可以从情绪小怪物的身上找到自己的情绪，然后把这种情绪放到相应的情绪瓶子里。这种方式非常有效，一方面孩子们觉得非常有趣，一方面他们把情绪具体化了。情绪变得可以操作后，情绪小怪物每天都被孩子们拔得光光的。甚至路过的中班哥哥姐姐也参与了进来。

活动七：我的情绪小日记

如何能让情绪表达变成一件日常非常自然的事呢？老师进行了思考。于是我们把情绪加入到日常团讨中，就有了小五班的“我的情绪小日记”。

老师：“宝贝，你今天的情绪小怪物是什么颜色的呢？”

可乐：“我的情绪小怪物今天是黄色的，因为妈妈今天下午会来接我放学，我好开心！”

桐桐：“我的情绪小怪物今天是蓝色的，早上我起床妈妈批评我了，我伤心地哭了。”

于是，色彩斑斓的日历表就这样出现在小五班的教室里，这份日历透出了孩子们的每一分喜怒哀惧。

活动八：今天你笑了吗？

情绪不分对错，然而好的情绪能够给自己和他人带来好的感受，我们鼓励孩子多笑笑，于是，我们就带着孩子们做了这个游戏——今天你笑了吗？

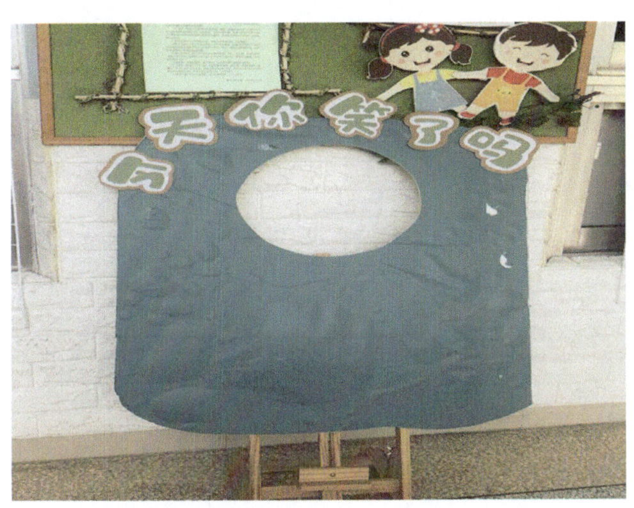

课程感悟

情绪发展是幼儿社会性发展的重要组成部分。3—6岁是幼儿情绪表现和发展的关键阶段。在这个阶段，如果家长和老师能有意识地关注幼儿的情绪，进行正确的引导，则可能会促进其情绪的健康发展，为其良好人格的形成打下坚实基础。现代幼儿发展教育越来越强调幼儿情绪能力的培养。但是对于许多老师和家长而言，通过教育来促进幼儿的情绪发展并不是一件轻松的事情。鉴于幼儿情绪问题的重要性，我们在小班就进行情绪教育具有非常重要的意义。通过一个学期的班本课程开展，在认知方面，孩子们在有趣的绘本故事、生动的故事形象中，知道自己内心世界里的情绪小精灵，对情绪的认知有了比较大的进步，能识别并理解自我情绪。在能力方面，会用各种合适的词语描述自己或者他人的情绪：激动、失望、自豪、孤独、期待等等，丰富了孩子们的情绪词汇库。还通过说、画、操作等形式表达自我情绪，提高自我情绪意识，学会管理自我情绪。在情感方面，与孩子共情，帮助孩子排解负面情绪，培养正面情绪管理。随着本学期结束，孩子们虽然暂时离开幼儿园，但是我们的班本课程并没有结束，下学期我们将重点培养孩子们的情绪管理能力。

第五章
责任担当

实录一 探寻“红色”味道

课程缘起

为庆祝中国共产党成立100周年，大班级幼儿邀请了解放军爷爷走进课堂，开展生动形象的红色教育活动。中四班幼儿路过幼儿园二楼音乐室，看到解放军爷爷带领哥哥姐姐进行活动，充满好奇地问：“爷爷怎么穿了军装呢？”“爷爷是解放军吗？”“什么是解放军？”“爷爷来幼儿园是讲打仗的故事吗？”……基于孩子们对此的讨论热度，为了满足孩子们的好奇心，让他们在自主探索中寻找答案，于是，我们开始了探寻“红色”味道之旅！

前期审议

红色文化承载着中国革命的深厚历史文化底蕴。从知识角度看，它包含丰富的学科知识，它的感性认识和历史陈述对儿童理解红色历史有重要意义。从意识形态和道德层面，红色文化是一种理想的道德教育模式、道德教育活动，可帮助孩子增强爱国主义思想，树立正确的理想信念，养成良好的道德品质和文明行为，可使德育活动达到最佳效果。在幼儿成长阶段，除了教导孩子学习知识以外，还应该对孩子施以良好的德育教育，才能引导孩子的身心朝着正确的方向发展。而红色教育属于德育教育的一部分，相关的红色故事、红歌等具有很强的思想感染力和亲切感，让孩子可以从先辈们优秀的事迹中汲取正面的思想，从而形成良好的品德修养。

恰逢建党100周年，解放军爷爷来到幼儿园为大班的哥哥姐姐带来红色教育活动，引起了孩子们对“红色”的兴趣，这一现象刚好被我们教师捕捉到。因此在课程开展之前，我们首先要考虑：“什么样的课程是孩子感兴趣的？”“孩子对红色教育的兴趣点是什么？”“孩子想知道关于‘红色’哪些方面？”“现阶段的孩子对红色教育有哪些经验？”“孩子在探究的过程中能获得什么？”“教师应该怎样给孩子提供帮助？”等等一系列问题都值得我们去思考。

于是，带着这样的思考，我们开展了第一次“什么是红色教育？”的讨论，鼓励孩子说出自己的想法，相互讨论，如：“你知道的‘红色’有哪些？”“它是不是一本红色的绘本故事书？”“这里的‘红色’和我们看到的颜色红色有什么不一样？”“红色教育是不是就是解放军来教育我们？”“它是不是讲以前打仗的故事？”等。原来，孩子们对“红色”有那么多好奇的探究点。为此，我们梳理出孩子们对“红色”的探究线索，追寻孩子的脚步开展此课程。

前期准备

幼儿经验分析	材料提供	资源收集	教师知识准备
1. 知道国旗、国歌、国徽、解放军。 2. 对红色文化感兴趣，听过一些红色故事。 3. 对红色文化教育处于表面的认知	1. 提供相关材料及记录表（如：红歌收集记录表）。 2. 提供红色故事图书、平板、手机电子设备辅助学习	1. 与孩子一起收集与“红色”相关的书籍。 2. 收集“红色”物品（如：纪念章、军帽）	查找相关资料，先深入了解“红色”文化，为本次课程探究预设研究目标

课程目标

核心素养	主题目标
人文底蕴	1. 深入探索“红色”的内容，铭记历史、缅怀英雄。 2. 对看过的红书、听过的故事能说出自己的看法并能初步感受文学语言的情感。

续 表

核心素养	主题目标
科学精神	1. 能用一定的方法验证自己对“红色”教育的猜测，在成人的帮助下能制订简单的调查计划并执行，探究中能与他人合作与交流。 2. 求知欲强，学习热情高涨，能投入、持久参与系列“红色”活动
学会学习	1. 在探寻“红色”文化过程中，能用数字、图画、表格或其他符号进行记录。 2. 能经常动手动脑、学习借助电子工具及查阅书籍寻找问题的答案并因此感到兴奋和满足
健康生活	1. 了解英雄的事迹，感受其积极正面无私的奉献精神，从中树立正确的人生观、世界观和价值观。 2. 有积极的心理品质，积极向上、自信自爱、坚韧乐观
责任担当	1. 愿意为集体做事，为集体的成绩感到高兴；能感受到祖国的发展变化并为此感到高兴。 2. 知道国家发展中涌现出来的英雄事迹，传唱红色文化，爱英雄、爱祖国，为自己是中国人感到自豪。 3. 具有文化自信，尊重中华民族的优秀的红色文明成果，能传播弘扬中华优秀文化和社会主义先进文化。 4. 尊敬英雄长辈、学会感恩、懂得感恩，热心参与社会公益活动，用自己的力量服务他人及社会，与人为善，与人为乐
实践创新	1. 利用同伴的影响力，在合作中激发愿意自我解决问题的积极性。 2. 合理、友好地寻求解决问题的多种方法，寻找解决问题的工具

课程内容

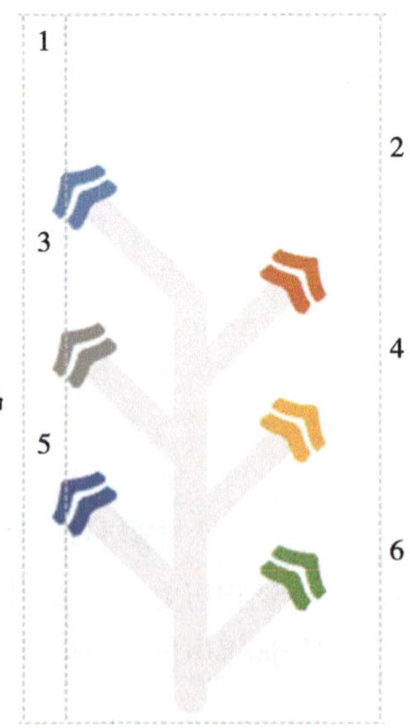

什么是红色教育？

是解放军来教育我们吗？

是红色的书本吗？

“红色”故事

王二小
狼牙山五壮士
雷锋
董存瑞

“红色”物品

红色物品有哪些？

寻我身边的红色物品

“红色”英雄

戴军帽的？
保护祖国的？
强壮的？

“红色”英雄

做“红色”作品

唱“红歌”

“红色”行动

珍惜粮食，光盘打卡
热爱劳动，从小做起
参观基地，回顾历史

课程开展

活动一：什么是红色教育？

博予：“老师，什么是红色教育呀？”

宸赫：“有可能是红色的东西。”

汇森：“我觉得是解放军帽子上的红色五角星。”

皓川：“我觉得是火山爆发。”

嘉淇：“应该是红色的国旗。”

翰如：“可能是我爸爸说的红色文化。”

一可：“难道是用火来教育孩子？”

悦欣：“应该是以前的红军。”

一伊：“或许是红色的按钮。”

承浩：“是红军身上的腰带和枪。”

老师的话 对于什么是“红色”教育，孩子们展开了讨论……他们对“红色”产生了迫切探索的欲望。于是，孩子们带着疑惑，深入地走进“红色”世界。

活动二：一起查找什么是红色教育

1. 讨论“什么是红色教育”

孩子们讨论了很久都没有得到答案，于是他们又开始想怎样才能知道什么是红色教育：

博予：“那我们怎样才能知道什么是红色教育呢？”

文韬：“回家问问爸爸妈妈吧。”

闵贺：“我iPad上面有百度，百度一下就都知道了。”

润欣：“可以查查书本上是怎么说的。”

皓川：“问老师，老师肯定知道答案的！”

祉朗：“我回家问问我的小易。”

2. 百度找出答案

在孩子们再三讨论下，还是没有得出结果。一下子要让孩子懂得什么是红色教育有点困难，但是我们可以让孩子通过查找、询问等方法，找出答案。经过商讨之后，孩子们决定和老师一起咨询“度娘”，最终也得到了答案。

原来**红色教育**是……

点击空白处查看答案

爱国主义教育与革命传统教育

备注

爱国主义教育，是引导不同年龄段的孩子认识国旗、国徽、党旗等，萌发初步的爱国情感；革命传统教育，通过听英雄人物故事、看英雄人物视频简介、唱红色歌曲，让红色精神根深蒂固驻扎在幼儿的心中。

老师的话 有时，成人直接给予孩子答案，可能会剥夺他们主动学习的机会，应该多鼓励孩子增强独立探寻答案和解决问题的能力，如至理名言——授人以鱼不如授人以渔。

活动三：红色书籍

1. 什么是红色书籍

诗芮：“老师，我有一个问题，就是抗日故事里说的红色书籍是什么？”

宸赫：“可能是一本红色图书吧！”

翰如：“是不是讲小红帽的故事书呢？”

悦欣：“不是的，我爸爸说红色书籍是讲以前打仗的故事书。”

韬韬：“什么是打仗的故事书？”

汇森：“就是以前红军救人打日本鬼子的书。”

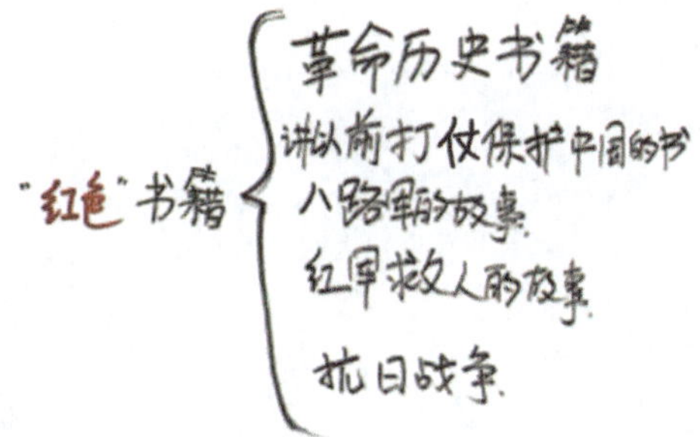

经过讨论和之前的学习经验，孩子们在“百度百科”上找到答案。知道什么是红色书籍后，他们回家查找了很多红色书籍，并带回到班上与同伴分享。

2. 红色书籍有哪些

语凝：“我很喜欢《刘胡兰》这本红色书籍。”

蔡萱：“我喜欢《王二小》。”

欣欣：“我喜欢《鸡毛信》。”

宸赫：“我觉得《闪闪的红星》也不错。”

活动四：一起去购买“红色”书籍

1. 出发前的计划

结合世界图书日，准备带孩子们去新华书店开展社会实践活动，孩子们知道后，纷纷表示要去书店买一些“红色”书籍带回班上，于是他们开始制作购书计划。

朗朗：“去书店买书要准备什么呀？”

沐言：“背上小书包去，可以用来装书。”

猪猪：“带瓶水去，看书的时候口渴可以喝。”

欣欣：“你们忘记了最重要的东西啦！要带钱去呀！”

浩浩：“对哦！不带钱什么书也买不到。”

宸宸：“那我们要买哪些‘红书’呢？”

杨溪：“《王二小》《鸡毛信》《红孩儿》……”

依缇：“买一本《地道战》吧！我妈妈跟我说了这本书，很好看的。”

思扬：“我爸爸说有一本叫《董存瑞》的书也很好看。”

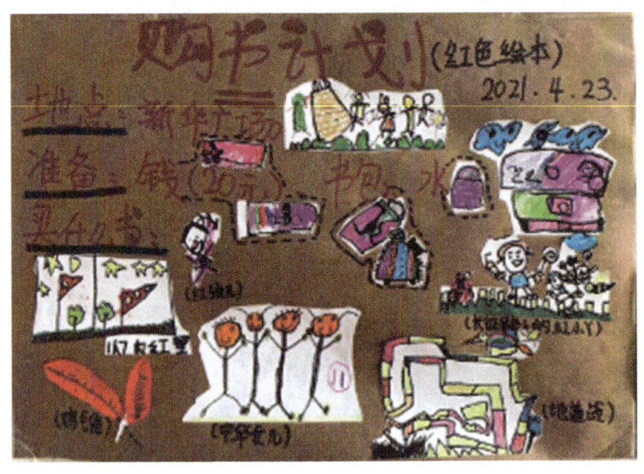

2. 按计划购买“红书”

哪些书籍是“红书”呢？在老师的带领下，孩子们自主有序地在书架上找寻自己心仪的“红色”书籍，并带回了班上与同伴一起分享。

（1）挑选“红书”

（2）购买“红书”

我们的发现：在整个过程中，我们发现提前把计划做好，可以更好地帮助我们合理安排时间以及准备好相关的物品，还能带着期待、愉悦的心情参与整个活动。到达书店后，我们能够很清楚地知道自己想要采购哪本“红书”，并在书架上快速地找到它。

活动五：我想借阅“红书”

红色书籍在班上分享了一段时间，有孩子提出：“能不能带回去和爸爸妈妈一起看？”老师表示同意。

可是，问题也随之而来：大家都想借阅，怎样才能保证每个人都能借阅到自己想要的“红书”呢？

1. 讨论如何借书

博予：“书本借回家后要及时还回来。”

欣欣：“那什么时候借，什么时候还？”

韬韬：“要不就跟我们的图书借阅日一起吧。”

一伊：“那还书也是在周一咯！”

杨溪：“是呀！这样我们才能够记住要还书。”

诗芮：“但是还有一个问题，就是有的‘红书’是一样的，要怎样登记才知道是谁还了，谁没还呢？”

小侯：“我们可以给它做个标签呀！”

2. 制作图书标签

于是，孩子们自己动手，将红色书籍做好标签。到了图书借阅日，他们自己挑选了一本心仪的“红书”兴高采烈地回家了。

老师的话 孩子们将“红书”带回家后与家人一起进行阅读，有家人的讲解，他们对书本里面的“红色”事迹有了更深刻的理解。

中期思考

“探寻‘红色’味道”的课程已经持续了将近2周。在这个探索过程中，我深深地为孩子们主动探索的精神所感动。在课程刚开始的时候，我还很想担心这个活动对中班年龄段的孩子来说，会不会很难深入探究？孩子的兴趣点会不会逐渐消息？但出乎意料的是，孩子们在探究的过程中，不断地学习，也慢慢地了解到了以前先辈们优秀的事迹以及艰辛，对“红色”也有了进一步的认知。在这个过程中，孩子们还学会了查找资料、制作计划、用图画或符号进行简单记录等。从中我们也看到了孩子主动学习的潜能：积极主动查找资料、真实地解决问题、运用已有的经验（之前踏青时做过出游攻略）及获得的新经验进行迁移等。

那接下来孩子们对什么感兴趣，还可以从哪些方面深入学习？在这一阶段的课程开展中，孩子们产生了以下几个问题：

（1）什么是“红色”物品？

（2）什么是“红歌”？

（3）英雄是什么样子的？

……

我们将继续跟随孩子的问题，不断地给予支持、提供条件，让孩子们在探索中自主学习。

活动六：我找到的“红色”物品

在亲子阅读中，孩子们从书中知道了一些“红色”物品，那“红色”物品都有哪些呢？孩子们又开启了一场“红色”物品大探究。

1. 我知道的“红色”物品

一伊：“老师，我老家也有这个煤油灯。”

嘉淇：“我爷爷也有解放军的军帽和军衔。”

诗芮：“我们家有一个毛爷爷的徽章。”

宸赫："党徽是不是'红色'物品呀？"

语凝："我们一起去查找一下不就知道啦！"

2. 查找"红色"物品

于是，孩子们结合网络和书本展开了一次"红色"物品查找活动。

3. 分享“红色”物品

查找了资料之后，孩子们发现海报上一些物品自己家里就有，于是，他们把自己家里的“红色”物品带来了班上给同伴观看。

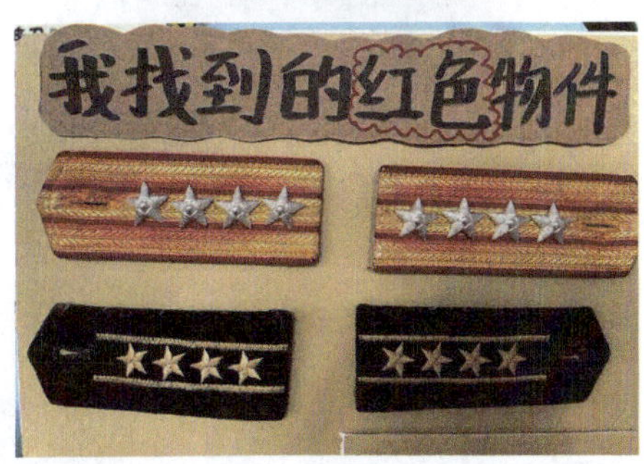

老师的话 一枚纪念章，一顶军帽，一个水壶……这些“红色”物品的背后，记录着“红色”土地的烙印，讲述着刻骨铭心的经历，隐藏着感人至深的故事。

活动七：“红色”英雄是什么样子的

在书中，孩子们知道了每个时代都有“红色”英雄，有孩子提出了自己的疑问：“‘红色’英雄是什么样子的？”

蔡萱：“我觉得英雄是很帅的。”

一伊：“英雄应该是听指令的人。”

清尧：“我觉得英雄是个男人。”

杨溪：“英雄是很勇敢的。”

语凝：“他们是保护祖国的人。”

杨菏：“英雄是身穿军服的人。”

小米：“英雄很高的。”

翰如："英雄像奥特曼一样的。"

梓骏："英雄是手里有枪的。"

悦欣："英雄很聪明，什么都知道，什么都能做到。"

闵贺："英雄就是很有正义感、很厉害的人，他们可以拯救需要帮助的人，这叫'见义勇为'。"

瑞霖："英雄还要爱自己的国家和人民。"

老师的话 对英雄的崇拜是人类永恒不灭的情结。孩子们对于英雄有自己的理解和感

受，英雄是智慧的、勇敢的、正义的、坚持不懈的，具有真善美。是的，孩子们心中都有一个英雄的样子。

活动八：我心中的“红色”英雄

每个时代，都有不同的“红色”英雄，他们不计生死，上演最美逆行。孩子们心中的“红色”英雄是谁？一起来听听他们的声音。

翰如：“我喜欢吴孟超，因为他治疗了很多病人。”

雨泽：“我喜欢钟南山，他打败了很多病毒。”

欣欣：“我喜欢董存瑞，他带着炸药包去炸碉堡。”

沙一伊：“我喜欢王二小，他把日本鬼子带进了八路军的埋伏圈。”

博予：“我喜欢袁隆平爷爷，他种植了超级水稻。”

老师的话 在分享自己喜欢的英雄活动中，我们发现了每一个岗位都会出现“红色”英雄，他们有的很平凡，在自己的岗位中默默奉献；有的很出名，大家都知道他的事迹。无论是前者还是后者，这些英雄都是值得我们好好学习的。

活动九：如何纪念逝去的英雄们

随着活动的持续展开，红色教育在孩子们心目中的概念逐渐清晰、具体。他们知道了“红色”代表着无数革命先烈的积极斗争行为，流血牺牲的精神，深深地被“红色”事迹感动。铭记历史、缅怀英雄，孩子们的话题一下就转移到了如何纪念英雄先烈。

1. 讨论如何纪念逝去的英雄们

蔡萱：“是不是可以像清明扫墓一样去祭拜他们？”

语凝：“不行，妈妈说小孩子不能随便去扫墓的，很危险。”

猪猪：“那我们可以画一幅画送给他们。”

森森：“我知道了，我们还可以唱一首歌。”

翰如：“那可以唱我爸爸说的‘红歌’。”

韬韬：“什么是‘红歌’呀？”

2. 什么是红歌？

诗芮：“我还以为红歌就是红色的歌呢！”

杨溪：“原来红歌就是歌唱祖国妈妈的歌曲啊！”

朗朗：“也是祝福祖国的歌曲。”

沐言：“对的，那些红军叔叔用自己的生命保护了我们，所以我们要唱‘红歌’纪念他们。”

思齐：“那‘红歌’到底有哪些呢？”

博予：“我们经常唱的《中国字中国人》，也肯定是红歌。”

可可：“要不我们上网找找吧！”

什么是红歌？为什么要唱红歌？红歌是怎么来的？为了让孩子们真正了解红歌的意义，我们与孩子一起观看了《王二小》《闪闪的红星》等“红色”电影，并在百度上进行了查找，得出了答案。

3. 收集“红歌”

“红歌”到底有哪些呢？大家决定各自去收集。他们带着设计好的表格，回家查找各种各样的红歌。

4. 挑选“红歌”

孩子们都想唱自己喜欢的红歌，最终，大家决定用投票的方式，选出受欢迎的“红歌”表演。

老师的话 一首红歌，一段历史；一首红歌，一面旗帜。革命歌曲是经典的旋律，是历史的见证。一首首歌曲，激励着一颗颗中国心；一句句歌词，表达着孩子们的爱国情。

活动十：我们的“红色”行动

经过这么长时间的探究，孩子们了解了很多的“红色”内容，也知道今天的幸福生活来之不易，他们决定用实际行动传承“红色”精神。

1. 制订“红色行动”计划

思扬：“我们还是小朋友，我们可以做一些我们力所能及的事情。”

欣欣：“对呀！我们可以珍惜粮食，不浪费。”

浩浩：“做个劳动小能手也行。”

闵贺：“自己的事情自己做。”

朗朗：“也可以做一些好看的作品送给英雄。”

2. 付诸行动

孩子们制订了自己能够做到的计划，并根据计划努力付诸行动去实现。

（1）珍惜粮食，光盘打卡

(2) 热爱祖国，劳动做起

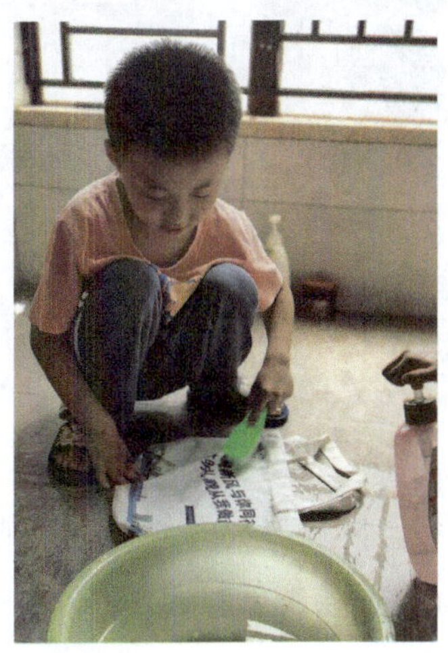

(3) 忆苦思甜（品尝窝窝头），铭记党史党恩

老师的话 孩子自己制订计划，做力所能及的事情，能够培养孩子自我抉择、解决问题的能力，同时也提高他们的自我服务能力和责任感。

课程感悟

探寻红色“味道”之旅，是一场感知传统革命的体验。我们以“红色”为线索，以建党100周年为教育契机，邀请解放军爷爷给孩子们讲故事，以此开启了孩子们的“红色”课程故事。结合孩子们关注的“故事、红书、红歌、英雄、行动、基地”等兴趣点，将红色文化融入幼儿一日生活，让孩子了解革命历史，珍惜幸福生活，在直接感知、亲身体验、实践操作中传承红色基因，弘扬红色文化，增强人文底蕴，发展核心素养。在认知方面，通过阅读红色书籍、寻找红色物品、纪念红色英雄等活动，进一步了解了红色文化知识、感受英雄为国奉献的伟大精神，体会今天幸福生活的来之不易。在能力方面，孩子们跟随自己的疑问，去查阅、思考、讨论，用小小的行动去回味那段永不褪色的红色记忆，提高了自主学习能力及合作能力；通过做力所能及的事情，培养孩子的服务能力和责任感。在情感方面，孩子们用稚嫩洪亮的歌声，给党妈妈生日献上一首首赞歌，感恩党、感恩祖国妈妈。在幼小的心灵深处播下了一颗红色的种子，传播红色能量，帮助幼儿树立正确的理想信念，增强爱国主义精神，培养良好的道德品质和文明行为。一颗颗爱国爱党的种子，正在孩子们心中生根发芽，温暖成长，持续升温……

实录二 我带中国货

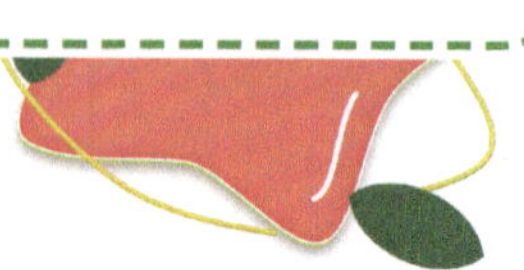

课程缘起

学期初，在“我是中国人”的千百问的学习中，孩子们带来了很多有趣的物品，小朋友们经常围在一起讨论分享，对这些物品非常地感兴趣。于是，老师加入到孩子们分享中，并一起讨论：国货有什么？

一禾：“我是中国人，我知道我们中国人制造的很多中国货，有中秋月饼、中国结、筷子等等。”

亦宸：“我知道还有大白兔糖。”

络缇：“我家有葫芦挂饰。”

士衡：“俊骞，你带的是什么？我可没有见过这样的中国货。”

俊骞：“我带的是竹壳茶，茶叶就包在里面呀。”

洋洋：“我带的是葫芦丝，你听说过吗？”

……

孩子们兴高采烈地议论自己知道的中国货，从家里带来了各种各样的中国货，并迫不及待地想和大家分享带来的中国货。大家都很想分享自己带来的中国货，我们建立一个直播间，开展一场“我是中国人，我带中国货”活动吧。于是，追随孩子们的步伐，我们生成了活动“我带中国货”。

前期审议

教育家陶行知先生说过："花草是活书，树木是活书，飞禽走兽、小虫、微生物是活书，山川湖海、风云雨雪、天体运行都是活书。活的人、活的问题、活的文化、活的武功、活的世界、活的宇宙、活的变化，都是活的知识宝库，便都是活的书。"是的，生活中时时处处存在教育契机。在特殊的疫情时期，孩子们将国货与了解到的直播间相结合，以此为学习契机，展开了"我带中国货"的系列活动。孩子们了解到身边的人都喜欢在"抖音""淘宝"等购物平台看直播购物，因此，在老师的引导下，挖掘偶发事件中对孩子们学习所隐含的教育价值，作为支持者，协助幼儿打造具有中国传统文化气息的"国货直播间"，让幼儿在浓厚的环境氛围中模拟生活中熟悉的场景，从而习得有益于身心发展的生活经验，增强孩子的口语表达能力，提高孩子的自信。

孩子们从寻找身边的国货出发，开启了"我带中国货"的讨论及体验之旅。孩子们提出了："什么是国货？""我家的国货有什么？""最受大家喜欢的国货是什么？""什么是直播间？""主播要做什么？"孩子们有着许多的问题，迫不及待想找出答案。为此，我们梳理出孩子们对"我带中国货"的探究线索，追寻孩子兴趣，开启了幼儿、国货与直播间的课程故事。

前期准备

幼儿经验分析	材料提供	资源收集	教师知识准备
1. 认识生活中常见的国货。 2. 知道直播间可以卖东西，但缺乏具体经验	1. 提供相关材料及记录表（如：大家喜欢的国货、大家爱喝的茶）。 2. 提供国货展示架、在课室走廊处设置国货直播间	1. 与孩子一起收集各种国货。 2. 收集直播带货的技巧	查找相关资料，深入了解直播的形式、技巧、文化，为本次课程探究预设研究目标

课程目标

核心素养	主题目标
人文底蕴	1. 通过介绍中国货，感受国货的文化魅力，增强中华民族的文化自信。 2. 专注地学习直播，喜欢与他人一起谈论直播技巧及有关内容
科学精神	1. 在探索中认识国货并联系生活学习直播带货。 2. 在活动中遇到问题能勇于探究，并尝试自己寻找答案
学会学习	1. 具有对自己直播学习状态进行审视的意识和习惯，善于总结经验。 2. 会简单使用手机设备，懂得利用互联网获取直播知识的方法
健康生活	1. 做好直播时间规划并做好直播间安排计划，合理利用时间。 2. 能主动发起直播带货活动并在活动中出主意、想办法。 3. 能勇于克服困难，主动接受新事物
责任担当	1. 认同和理解惠州本土地的文化，建立文化认同感、责任感。 2. 有独立直播的能力，做事有始有终，完成直播任务。 3. 喜欢接触新鲜事物，具有初步探究直播的能力。 4. 理解规则的意义，能与同伴协商制定直翻间使用规则。 5. 通过介绍国货，能感受到中国人智慧的结晶并为此感到高兴
实践创新	1. 能用简单的记录表、思维导图等表示自己所学知识、调查结果。 2. 利用当下流行的直播间文化扩大眼界和知识面，对学习感兴趣

课程内容

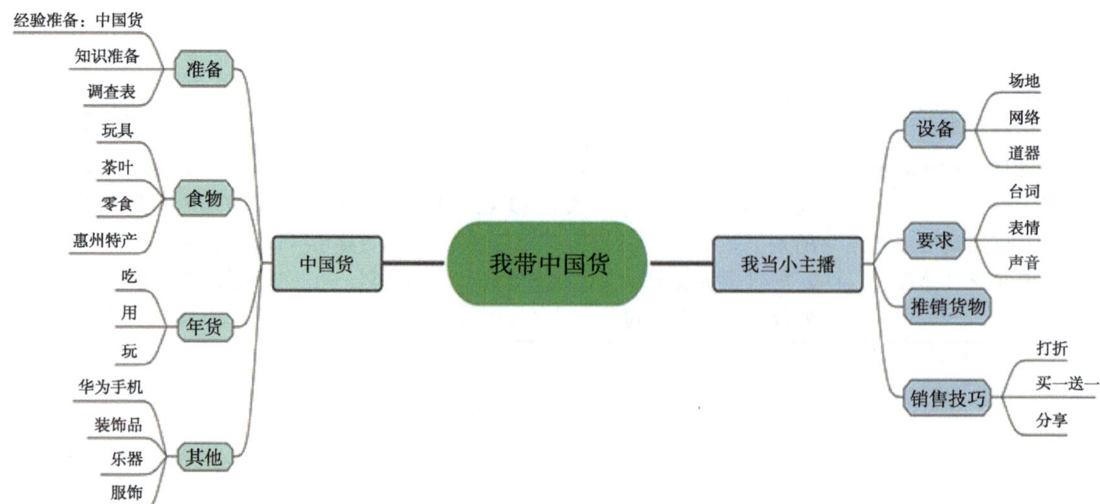

课程开展

活动一：寻找中国货

为了让孩子认识更多的中国货，感受中国文化，增强民族责任感，以我是中国人而自豪。孩子们和家长一起寻找身边的中国货，通过介绍各种各样的中国货，孩子们对中国货有了初步的了解。

1. 国货大集合

孩子们把寻找到的中国货带来班上，大家都很感兴趣，也很好奇，各种玩意，有小部分是孩子们熟悉的，还有很多是没见过的，于是孩子们开始讨论，这是什么？怎么用的？

2. 我来说国货

为了让大家更好地知道每样物品及其功能，小主人们大方地向同伴介绍：

络缇："我带来的是中国结，可以挂在墙上，很漂亮。"

亦宸："我带的是筷子，是吃饭的时候用的。"

子言："我带的是我爷爷用的毛笔，是用动物的毛做的，要蘸墨水才可以写字。"

锐锐："我的是拨浪鼓，它是小孩子的玩具，摇一下就会听到好听的声音。"

文芯："我带的是扇子，上面画了漂亮的牡丹花。"

活动二：调查活动：大家喜欢什么中国货

通过孩子们各自介绍自己带来的中国货，孩子们认识了更多的中国货。为了让孩子了解同伴中最受欢迎的中国货，孩子们决定用投票的方式选出来。

1. 国货说一说

士衡："我喜欢一禾带的酱油，拌饭很好吃。"

思烨："我喜欢大熊猫，它是国宝，我们都要保护它。"

欧阳："我喜欢锴锴带的华为手机，手机可以看动画片。"

思媛："我觉得桐桐带的旗袍很漂亮，我妈妈也有件粉色的，很好看。"

子韬："我爸爸说上火了，就可以喝王老吉，我也喜欢喝。"

2. 投票选一选

为了更清晰地看到孩子们的投票结果，我们一起制作了统计表，统计大家的投票结果。

活动三：乐器

孩子看着大家带来的国货，那么多的国货放在一起，大家都很好奇，都想体验一下，玩一玩。

1. 乐器展示

我国的民族乐器多种多样，也有其不同的特点。每种乐器用法不一样。

项博：“我带来的是葫芦丝，是用葫芦做的，用嘴巴可以吹出好听的声音。”

锐锐：“我带的是拨浪鼓，摇一下就会听到好听的声音。”

乐乐：“我带的是笛子，它身上有很多小洞，要用手指按住，上面的小口用嘴巴吹，我爸爸就会吹好听的音乐。”

2. 乐器体验

孩子们以小组的形式展开交流、体验，感受不同乐器不同的声音、用法，在同伴的帮助下，尝试让乐器发出声音。

活动四：茶叶

孩子们在讨论：这么多么茶叶，红茶、绿茶、白茶和花茶，我们能喝什么茶呀？

1. 讨论小孩能喝的茶

子韬：“我看见妈妈在刷抖音，里面有介绍茶叶，小朋友适合喝胎菊。”

钰熙：“我带来的是玫瑰花茶，妈妈在家会泡给我喝，喝了可以变漂亮。”

洲乐：“我爸爸喜欢喝绿茶，但小孩不可以喝，喝了晚上会睡不着。”

俊骞：“我爷爷会泡白茶给我喝，白茶可以保护视力。”

2. 调查大家爱喝的茶

家里有什么茶，家人爱喝什么茶？为了使孩子的调查更方便统计，我们设计了调查表，请孩子记录家人喜欢喝的茶，了解家人喝茶习惯的同时，也知道了不同种类的茶的不同功效。

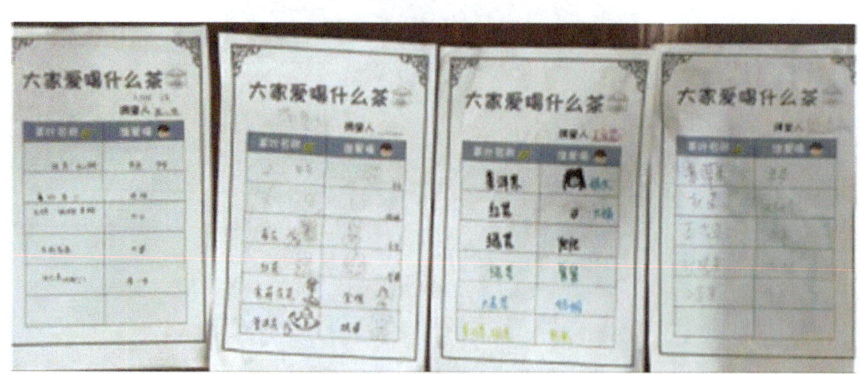

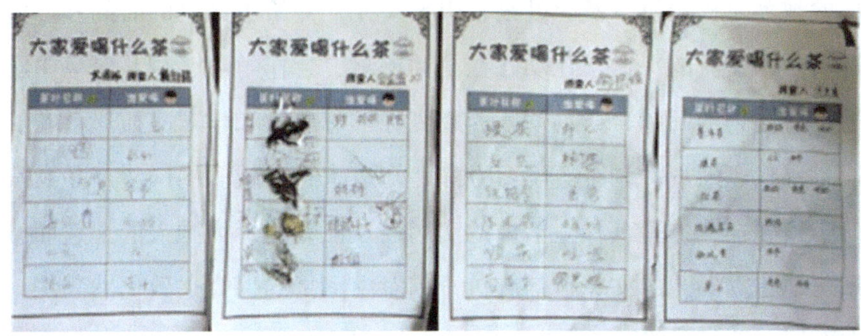

活动五：中国饰品

中国饰品是具有中国特色的装饰品，孩子在认识中国饰品的同时，也能了解到我国传统的民间手艺，感受独特的民族魅力，激发孩子对传统民间手艺的热爱。

梓桐：“妈妈说这是平安结，可以保佑平安的。”

一禾：“我的中国结上面有福字，过年的时候可以挂在门口。”

曦悦：“我带的是有寿字的中国结。”

珈宁：“我的也是中国结，它上面还有圆形的扇子。”

子韬：“我的是扇子，可以摆在柜子上。”

中期思考

孩子们在进行“我带中国货”的课程过程中，我被孩子们的主动积极性触动，积极与家长、老师互动，寻找身边的国货，带来了许多有趣的物品，深受大家喜欢，为孩子们的行动力、执行力点赞。在这个过程中，幼儿也有许多的疑问，教师应敏锐捕捉孩子的兴趣，把握教育时机契机，及时鼓励、引导幼儿，并给予充足的时间和环境支持幼儿的学习，提供分享交流的平台，让幼儿在主动探索、合作学习、相互分享中学会运用已有的经验解决所遇到的问题，帮助幼儿养成良好学习能力和学习品质。孩子们在探究的过程中，通过寻找、发现、调查等学习方式，知道了越来越多的国货产品及其功能，感受到国货的丰富多样，体验其在生活中的实用性及便利性，为国人的智慧而感到自豪，从而潜移默化地建立幼儿的文化自信。孩子们对中国货的探究兴致仍然高涨，接下来将会从哪些方面深入学习？孩子们产生了以下几个问题：

（1）怎么让更多的人知道中国货？

（2）什么叫带货？

（3）直播间是怎么样的？

（4）在直播间可以卖什么国货？

……

我们将继续跟随孩子的问题，不断地给予支持、创设浓厚的学习环境，让孩子们在探索中继续深入自主学习。

活动六：如何带货？

孩子们了解到身边的达人都喜欢在“抖音”“淘宝”等购物平台看直播购物，因此，我们引导孩子看“李佳琦”直播带货，看一看淘宝上直播间的主播是怎么带货的，对比我们平时介绍的方式有什么不一样？

1. 观看直播带货

奕安：“他是李佳琦，我妈妈也看他。”

思烨：“直播要把产品给大家看，告诉大家怎么用。”

汉虹：“他说买一送三。”

士衡：“他会涂口红给大家看颜色。”

2. 记录直播方法

通过学习直播带货，孩子以小组的形式商量直播的方法，并以绘画的形式记录下来。在小组的分享中，增强孩子的口语表达能力，提高孩子的自信。在同伴的分享中，孩子知道了更多宝贵的带货经验。

活动七：我做小主播

看完直播达人们的直播，如何做一个出色的小主播带货呢？从道具、物品的特点、语境、声音、表情、动作演示等去介绍国货。孩子们也在思考，自己做小主播，要准备什么呢？

1. 讨论做主播的准备

络缇："小主播要穿好看的衣服，大家就喜欢你。"

一鸣：“眼睛看镜头，声音要响亮，大家才能听清楚。”

华锴：“要准备很多的东西，这样大家想买就可以买到。”

一禾：“我要准备个手表，可以看时间。”

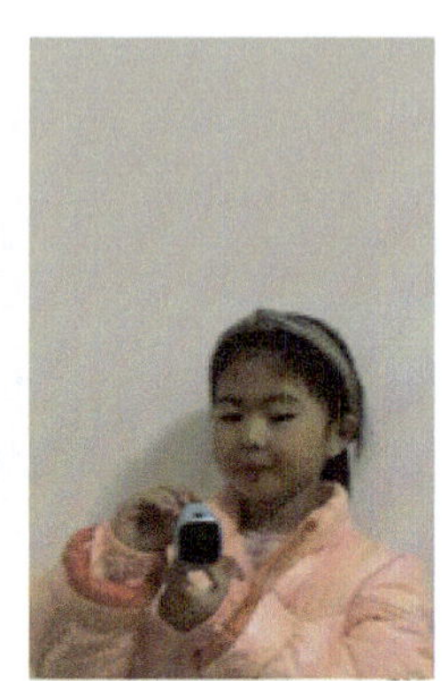

2. 绘制思维导图

通过思维导图记录做个小主播的准备，直播时所需要的设备、推销手段，如何介绍自己带来的国货，让大家喜欢购买自己的产品。

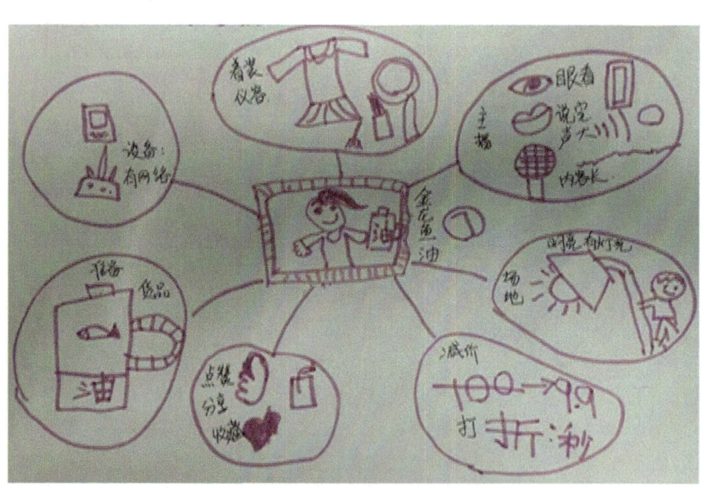

活动八：直播间安排表

孩子了解直播的方式后，也想做主播介绍中国货，也想要有一个直播间。于是，在老师和孩子们的齐心协力下，决定在课室走廊处设置卖货的直播间。直播间终于弄好了，孩子都很开心，大家都说要当主播带货。

1. 主播报名

博洋：“老师，我想做主播，给大家介绍葫芦丝。”

一禾：“我想去直播间卖中国结，买大的送小的。”

亦宸：“我想直播卖筷子，每个人家里都要用，就可以卖很多。”

珈宁：“我想卖好喝的茶叶，可以买一盒送一盒。”

思烨：“我家里有很多的绘本，我想带来直播间。”

2. 主播安排表

孩子积极报名主播，那么多人都想做主播，可是直播间那么小，怎么办呢？

子韬：“老师，谁先报名就可以先去直播间。”

钰熙：“可以像值日生一样，做一个值日表。”

洲乐：“那就按照学号的顺序，1号第一个。”

在孩子们的讨论后，最终根据大家的意愿，设计了“国货直播间主播安排表”，大家按照表格安排的时间和内容准备。

序号	姓名	国货名称	序号	姓名	国货名称
1	凌奕安	“华为”手机	18	钟项博	茉莉花茶
2	陈祉羲	“王老吉”凉茶	19	郭宸睿	“凤凰单丛”茶
3	朱珈宁	“观音阁”黑糖	20	杨子言	“牛耳朵”零食
4	肖曦悦	“陶碧华老干妈”辣椒酱	21	喻思媛	“旺仔”牛奶
5	时博洋	“旺仔”牛奶	22	刘洺侨	“华为”手机
6	谭笑	“金龙鱼”调和油	23	陈钰熙	利是袋
7	邓亦宸	“安踏”运动鞋	24	赖衍铭	“凤凰单丛”茶
8	赵汉虹	葡萄汁	25	王文芯	“360”电话手表
9	徐士衡	儿童止痒润肤露	26	周洲乐	“华为”手机
10	孙熙萌	“云南白药”牙膏	27	刘振锐	“清明上河图”扇子
11	林子韬	小米	28	曾俊骞	三公仔七星茶
12	许梓桐	旗袍	29	曾晗曦	“特仑苏”牛奶
13	陈思烨	绘本《过年啦》	30	周络缇	小丸子煎饼
14	刘家翰	“陶碧华老干妈”辣椒酱	31	欧阳晨	“农夫山泉”矿泉水
15	李一禾	“李锦记”酱油	32	严昱威	“凤凰单丛”茶
16	陈一鸣	龙门米饼	33	周鸿森	“云南白药”牙膏
17	陈华锴	“华为”手机			

活动九：直播“惠州小吃”

惠州小吃具有当地的惠州特色，孩子带来了惠州特产，将小吃带进直播间，向大家介绍惠州本土的饮食文化。

1. 介绍惠州小吃

奕安：“这是‘沙糕粄’，它是正方形的，吃起来软软的，像棉花糖一样。”

思烨：“我带的是艾粄，是用艾草做的，里面是甜甜的，有花生和芝麻。”

汉虹：“我带了甜粄和糍粑。它们都是圆的，大的是甜粄，中间有红点。小的是糍粑。”

士衡：“这是油角，它是被油炸成了黄色，吃起来很香。”

2. 分享惠州小吃

孩子看到主播要卖吃的，都说要去直播间买。大家把买来的惠州小吃带到班上的“如意茶馆”，一边分享一边品尝，真开心。

活动十：新年贺卡

孩子们在直播间卖了好玩的、好吃的，正想着接下来要卖什么，于是，大家一起想办法讨论：

1. 讨论直播物品

亦宸："我们可以卖玩具。"

珈宁："放假就过年了，我们可以卖对联。"

思烨："老师教过我们做卡片，我们来做卡片。"

博洋："过年要说祝福语，我们也可以送新年祝福给大家。"

2. 制作新年贺卡

随着新年的临近，孩子决定在直播间卖新年贺卡，向大家传递新年祝福。于是，孩子就根据之前做贺卡的经验，自己制作了新年贺卡，大胆尝试在直播间推荐自己的新年贺卡。

活动十一：调查“年货盛宴”

快到春节了，大家会买什么年货呢？我们在直播间可以卖什么货？孩子们兴高采烈地讨论着。

1. 讨论大家会买什么年货？

韬韬：“我爸爸喜欢喝普洱茶，我喜欢吃棉花糖，我妈妈喜欢嗑瓜子。过年要准备这些好吃的。”

文芯：“我妈妈过年前要搞卫生，还要买对联、红地毯、灯笼等，我觉得用的东西肯定很多人要买。”

乐乐：“我觉得过年很多小孩要买新玩具、鞭炮这些玩的。”

2. 设计“年货盛宴”调查表

孩子们想到了过年要买的东西，有吃的、玩的、用的，为方便孩子们调查收集资料，我们设计了调查表，让幼儿在收集中，了解大家对年货的需求，再计划选择自己在直播间带的物品。

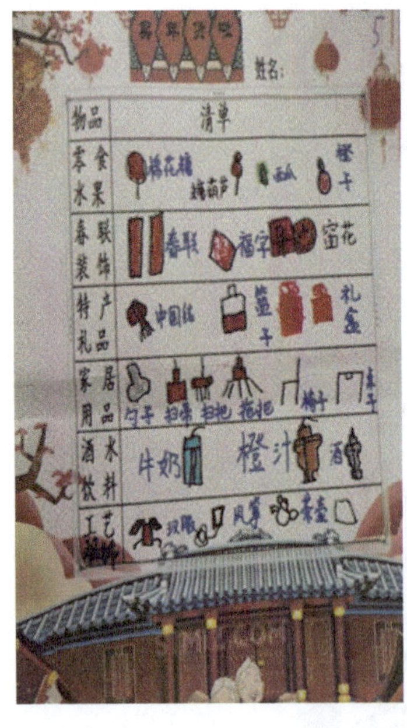

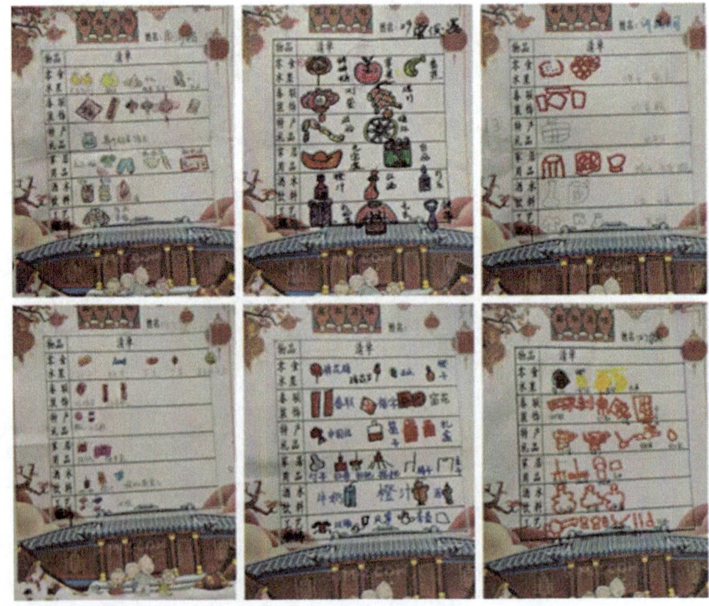

活动十二：我带年货

结合“迎新年卖年货”的主题，孩子们准备在直播间卖年货，结合之前逛年货街的经验，孩子们把准备好的售卖物品模拟练习带货。

1. 在家模拟带货

孩子们确定自己直播的年货后，都在家主动练习。同伴之间彼此观看、学习，不断地积累小主播的直播技巧。

2. 直播卖年货

孩子经过做小主播的练习，在对推销货品的技巧、表情管理等方面有了较大的进步，于是开始了他们的直播带年货。

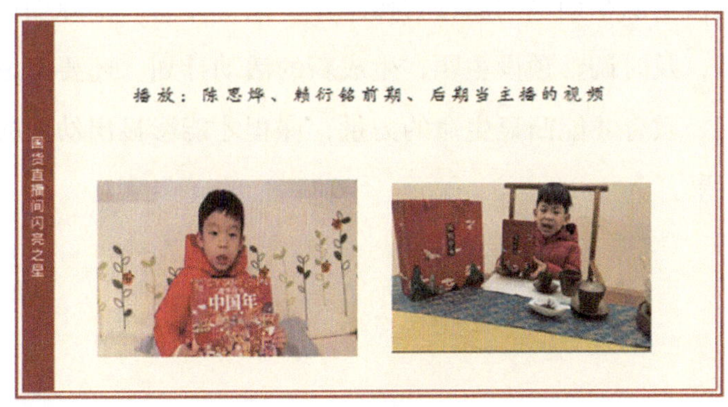

课程感悟

在“我是中国人”的主题活动中，孩子们对中国货产生了浓厚的兴趣，认识了很多的中国货，比如中秋月饼、中国结、筷子、惠州特产等等。他们非常希望有更多的人了解我们具有中国传统文化的中国货。于是，孩子们通过探索发现：在疫情防控期间了解到的直播可以卖货的做法，可以用来直播带国货。在老师和孩子的共同努力下，一起打造了具有中国传统文化气息的“国货直播间”。通过这个活动，培养孩子“国人用国货，国货当自强”的爱国情感。在孩子进行“我带中国货”的课程学习中，他们不断地学习、探究、尝试、调整，不仅增强了孩子们的中华民族文化自信，而且促进孩子在合作与交往、交流与表达等方面能力的提高。

在课程建构过程中，孩子们以观察和学习的方式去认识“我带中国货”获取经验、建构知识，他们选择最红、最受大家喜欢的主播学习，在观察、模仿中学习主播技巧，积累直播经验。我们老师要善于站在儿童视角下开展课程资源，抓住孩子的兴趣点，不断地创设环境、提供资源帮助他们通过直接感知、亲身体验、实际操作，并顺应孩子需求进行支持和鼓励，及时调整预设主题，生成新的活动计划。还要考虑课程资源在生活化课程中如何使用，教育才能凸显生命的力量，课程才能彰显出幼儿的深度和张力，才能有“惊艳”的效果。

第六章
实践创新

实录一 我和蚕宝宝的那些事

课程缘起

随着“寻味中华传统——二十四节气”课程的开展，春分小组的小朋友们通过前期调查、资料查阅等方式发现了春分是养春蚕的好时机，于是李佳婧小朋友在家里带来了三十多条蚕宝宝，马上就引起了孩子们的兴趣。他们围成一团看蚕宝宝，提出了许多疑问：“蚕宝宝吃什么树叶？”“它有几条腿？”“怎么睡觉？”“怎么吃叶子？”一条条小小的春蚕，极大地引发了孩子的探索兴趣。为了满足孩子们的探究欲望，于是班上老师结合孩子的年龄特点和探索兴趣，把蚕宝宝引入孩子们的学习和生活中，开启蚕宝宝之旅。

前期审议

《3—6岁儿童学习与发展指南》中指出：“支持幼儿在接触自然、生活事物和现象中积累有益的直接经验和感性认识。”孩子们正处于好学好问的成长时期，对自己感兴趣的问题总是刨根问底，为了保护幼儿的好奇心，充分利用自然和实际生活机会，引导幼儿学会发现问题、分析问题和解决问题，开展了蚕宝宝这一项目探究活动，让幼儿对感兴趣的事物能够保持持续观察的热情，发现其生长变化，还能提出自己的疑问和猜想。班级创设饲养区，让孩子可以在自然而然的生活环境中习得适宜的教育。同时我们以儿童的兴趣为起点，由儿童与教师共同的好奇来推动课程的发生，一起经历蚕宝宝生命的起始、繁衍和轮回，体验生命的奥妙。帮助幼儿不断积累经验，并运用于新的学习活动，形成受益终身的学习态度和能力。

孩子带来的蚕宝宝，引起了大家的关注、讨论，关于蚕宝宝的事情，孩子们有着许多的问题。围绕孩子们的关注点，我们展开了一次“你想知道蚕宝宝的哪些事？”集体讨论：“蚕宝宝从哪里来？”“蚕宝宝喜欢吃什么？”“蚕宝宝长大会变成飞蛾吗？”“蚕宝宝什么时候会长出茧？”等。原来，孩子们对“蚕宝宝的那些事”有那么多好奇的探究点。为此，我们梳理出孩子们对“蚕宝宝”的探究线索，追寻孩子的脚步开展此课程。

幼儿经验分析	材料提供	资源收集	教师知识准备
1. 对蚕的外形特征及食用习惯有初步的认知。 2. 对蚕的生长过程充满了好奇。 3. 对蚕宝宝的饲养方面的经验欠缺	1. 提供饲养区、桑叶存放基地。 2. 提供关于蚕的绘本	1. 与孩子一起收集蚕卵、桑叶。 2. 阅读收集有关蚕生长过程的绘本、视频等资料	查找相关资料，先深入了解蚕的生活习性及生长周期性，为本次课程探究预设研究目标

核心素养	主题目标
人文底蕴	1. 通过自身饲养蚕的经验建立起对蚕的兴趣和知识。 2. 对大家都喜欢的蚕能轮流观察、分享
科学精神	1. 求知欲强，能投入、持久参与饲养蚕的活动。 2. 能通过观察、比较与分析，发现并描述蚕宝宝的生长过程中每个时期不同的变化
学会学习	1. 能根据观察蚕宝宝的不同变化提出问题，大胆猜测答案。 2. 能够在家长帮助下，通过查阅书籍和借助互联网等方式寻求答案
健康生活	1. 拥有善良、抗挫、爱等积极品质，为离开的蚕宝宝种树。 2. 面对蚕宝宝的离开，能调节和管理自己的情绪，具有抗挫折能力

续 表

核心素养	主题目标
责任担当	1. 有强烈的责任心和主人翁意识，做事有始有终，参与并承担蚕宝宝生长过程的各种任务。 2. 能主动作为，在假期承担照顾蚕宝宝的任务，履职尽责，对自我和蚕宝宝负责
实践创新	1. 具有动手操作能力，掌握一定的饲养蚕的技能。 2. 善于发现和提出问题，有解决问题的兴趣和热情，逐步知道蚕的习性及饲养技巧。 3. 能察觉蚕的外形特征、习性与生存环境的适应关系，在家长老师的帮助下，合理、友好地寻找解决问题的多种方法。 4. 感知科技产品与自己生活的关系，知道科技产品能为学习服务解决问题

课程内容

1. 课程预设内容

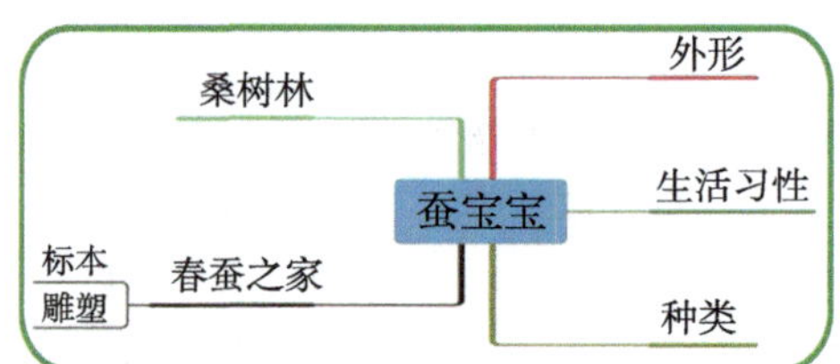

2. 课程生成内容

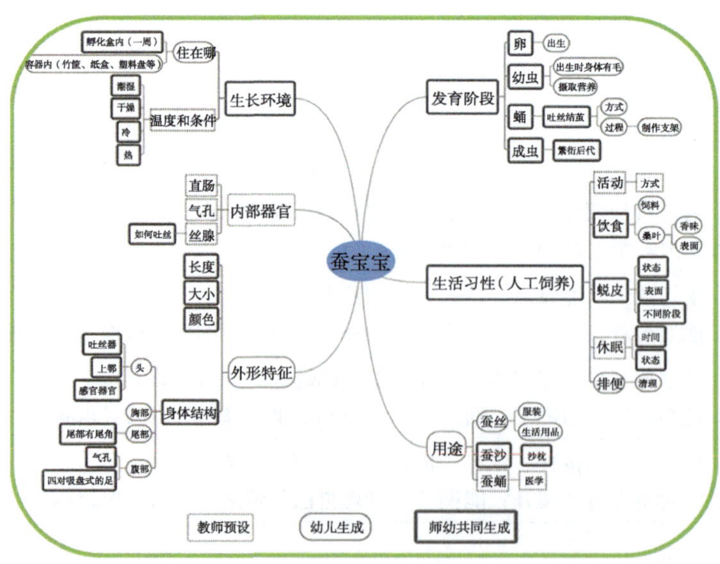

活动一：班上来了新朋友

春天到了，正是养蚕的好时节，李佳婧小朋友将自己养的蚕宝宝带来了幼儿园，孩子们就围在一起观看，七嘴八舌地讨论了起来……

子稀：“哇，这个是什么东西啊？”

正豪：“好像蚯蚓啊。”

铭灏：“像毛毛虫一样长长的。”

想言：“我好想摸摸它，看看它的身体是软的还是硬的。”

攸攸：“它不会咬人吧？”

老师的话 在观察孩子们与蚕宝宝的初次见面表现中，我们发现孩子们对蚕宝宝的观察和感受是不一样的，我们应该让他们互相交流表达自己的发现，让他们通过思维的碰撞，进行经验的分享。

活动二：关于蚕宝宝我想知道

孩子们对蚕宝宝产生了浓厚的兴趣，每次有空闲时间都会有好多小朋友围着蚕宝宝，看一看蚕宝宝，在观察中还提出了许多的问题：

子鸣："蚕宝宝吃的树叶叫什么名字？"

延森："蚕宝宝是怎么吃东西的？"

梓甯："蚕宝宝怎么拉便便？"

心妍："蚕宝宝有骨头吗？"

攸攸："蚕宝宝是怎么睡觉的？"

佳妤："蚕宝宝喜欢住怎样的环境？"

励忞："蚕宝宝住在哪？"

老师的话 对于城市的孩子而言，蚕宝宝是一种陌生的小动物，不光孩子对蚕宝宝不了解，其实我们和家长对蚕的了解大多停留在书本或浅显知识，因此孩子提出了一系列关于蚕宝宝的问题，我们也请孩子们回家和爸爸妈妈一起解答。

活动三：我们一起寻找答案

孩子们回家和爸爸妈妈一起寻找答案，通过视频或语音的形式发到班群，隔天来园并让孩子分享自己寻找到的答案。

叶航："蚕宝宝是抬着头睡觉的。"

徐朗："蚕宝宝是吃桑叶的。"

佳妤："蚕是住在阴暗的环境，不喜欢阳光直射。"

延森：“蚕宝宝一动不动的时候就是在睡觉。”

铭灏：“蚕宝宝要用一片树叶垫着它才会睡觉。”

想言：“蚕宝宝拉的便便是一小粒一小粒的黑色东西。”

老师的话 学会学习比获取答案更重要，我们希望和家长们带领孩子一起探寻蚕宝宝的秘密，培养孩子的求知欲和好奇心。

活动四：照顾蚕宝宝

孩子们走进了“蚕宝宝”的世界，喜欢上这群新朋友，灰白色胖乎乎的蚕宝宝身子上镶嵌着一颗小小的脑袋，为了让蚕宝宝健康成长，孩子们都当起了饲养员，每天细心地为蚕宝宝打扫“房间”，将采摘来的嫩嫩的桑叶放在蚕宝宝的房间里，蚕宝宝看见绿油油的桑叶都争先恐后地爬了过来，沿着桑叶边狼吞虎咽地大吃起来。

奕程：“哇，蚕宝宝拉了好多便便啊。”

安安：“我们一起把它们的房间打扫干净吧。”

芊语：“好多桑叶都变得碎碎的，要把它们倒掉，换新的桑叶给蚕宝宝吃。”

德懿：“蚕宝宝吃太多了，所以拉的便便都好大颗。”

老师的话 孩子们在照顾蚕宝宝的过程中，有强烈的责任感和主人翁意识，经历着快乐的科学探究过程，慢慢积累将蚕宝宝照顾得更好。

活动五：蚕蜕皮了

过了一个周末，孩子们除了发现蚕宝宝长大了，还发现有的蚕宝宝身上有淡黄色短短的东西（蚕褪下来的皮），于是大家又议论纷纷，产生了一系列问题。

叶舒：“蚕宝宝为什么要蜕皮？”

沁鸿：“蚕宝宝蜕皮要多长时间？”

奕程：“蜕皮后的蚕宝宝会变得怎样？”

老师的话 孩子们在观察蚕宝宝的过程中，充满了好奇，交流的话题也不断深入，对蚕宝宝产生了更多的疑问等待着一一解答。

活动六：为什么蚕会蜕皮呢？

我们把问题一一收集起来，孩子们根据自己的兴趣“领取”问题，我们请孩子们回家和爸爸妈妈一起答疑解惑。

悦辰：“蚕宝宝变成飞蛾需要三步：第一步蚕吐丝把自己裹进去；第二步蚕蜕了一次皮变成了蛹；第三步蚕又蜕了一次皮咬开茧变成了飞蛾。”

叶航：“蚕宝宝吐丝的时候要准备一个长方形的大盒子。”

攸攸：“蚕宝宝能够吐出结成小房子的丝就好了，但是它吐的丝那么少。”

想言：“蚕宝宝先从五龄幼虫变成茧，再蜕一次皮就会变成蛹，大概需要十天，蛹就会变成蚕蛾飞出去。”

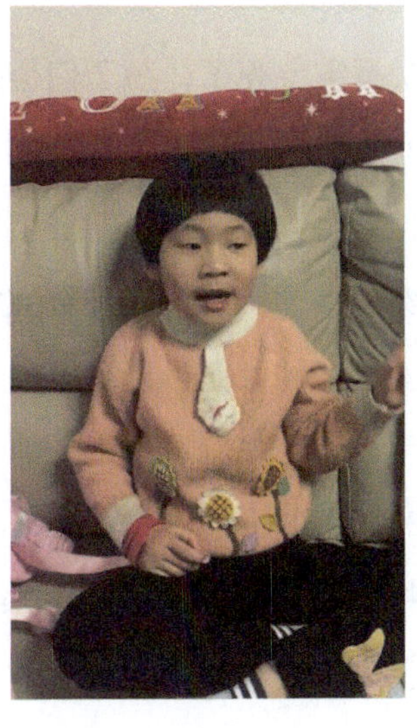

老师的话 勤于思考、善于提问是良好的学习习惯，我们再一次请家长和孩子一起完成，鼓励孩子多想、多问、多思考，有解决问题的兴趣和热情。

活动七：种蚕宝宝树

1. 发现蚕宝宝不动了

每天观察蚕宝宝的过程中，孩子们发现有两条蚕宝宝不动了……

谦牧："蚕宝宝不动了。"

想言："蚕宝宝是不是死了。"

铭灏："蚕宝宝死了，它的身体是热的，活着的蚕宝宝身体是冷的。"

老师："蚕宝宝为什么死了？"

子鸣："它是不是吃得太多了。"

延森："是不是被小朋友捏死了。"

梓甯："被桑叶压着不能动弹。"

2. 蚕宝宝死了，孩子们会想什么办法呢？

心妍："把它扔到垃圾桶。"

佳妤："我们可以把蚕宝宝埋在土里。"

奕程："我们可以种蚕宝宝树，纪念蚕宝宝。"

安安："我们可以拿纸巾包着放好。"

芊语："我们可以把死的蚕宝宝放在盒子里。"

3. 投票选出最好的方法

将孩子们的办法记录下来，通过投票的方式让孩子们一起选出了最适合的方法：种蚕宝宝树，纪念蚕宝宝。

老师的话 关于蚕宝宝为什么离开的问题，对于生命的坚强与脆弱，孩子们有了更直观的了解，也接受了饲养过程中的不完美，懂得了不管是植物还是动物，它们和我们人类共享同一个地球，珍惜生命，坚强面对挫折，我们才能变得更强大。

活动八：蚕宝宝来我家

随着蚕宝宝逐渐长大，“饭量”也增加了，恰巧清明假期，我们担心蚕宝宝没人照顾会饿肚子，这该怎么办呢？孩子们提议将蚕宝宝带回家照顾。

悦欣：“我好喜欢蚕宝宝，清明假期，我想带回家照顾。”

佳婧：“我家里有蚕宝宝，我很会照顾。”

朗朗：“我家有好多桑叶，不怕蚕宝宝饿肚子。”

梦瑶：“蚕宝宝拉便便了，我会把它的家清理干净，让它很舒服。”

老师的话 蚕宝宝在家的几天，家长们在班群也很激动地讨论，哪里有桑叶？怎么才能把蚕宝宝养好……为了蚕宝宝，全家出动，在这期间，家长们分享孩子在家照顾蚕宝宝的经历和故事，共同见证蚕宝宝的成长过程，培养孩子的责任心和爱心。

中期思考

物理学家爱因斯坦曾说过："兴趣是最好的老师。"在"我和蚕宝宝的那些事"的课程开展中，孩子们从"班上来了新朋友——蚕宝宝"开始，我们发现孩子们对蚕宝宝的兴趣后，为了让他们获得动物饲养经历和经验，便决定开始蚕宝宝的饲养活动。从好奇到每天不间断地照料，孩子们自然而然地加深了对蚕宝宝的了解，并对饲养蚕宝宝萌生了责任感。课程的生活化，有效地践行了"在生活中学习，在学习中生活"的价值主张，那接下来孩子们对什么感兴趣，还可以从哪些方面深入学习？在这一阶段的课程开展中，孩子们产生了以下几个问题：

（1）蚕宝宝是怎样吐丝的？

（2）为什么每一只蚕宝宝吐的丝那么少？

（3）蚕宝宝吐丝需要提供怎样的环境？

（4）蚕宝宝是怎样结茧的？

（5）蚕宝宝在茧里面是怎样变成飞蛾的？

（6）结茧需要多长时间？

……

我们将继续跟随孩子的问题，基于孩子的问题展开讨论，引导他们深入地进行思考和探索，让孩子们在思考探索中自主学习。

活动九：蚕宝宝吐丝了

1. 发现蚕宝宝吐的丝不一样

“快来看，蚕宝宝在吐丝。”孩子们看到蚕宝宝吐了好多好多的丝，有的蚕宝宝已经把自己裹起来了，它不难受吗？

香灼：“蚕宝宝吐的丝是白色的，直直的一条线。”

谦牧：“我看到蚕宝宝吐的丝是黄色的。”

叶舒：“蚕宝宝吐的丝有些是白的，有些是黄的。”

安安：“蚕宝宝什么时候结茧啊？”

瑞瑞：“我们一起问问李佳婧爸爸蚕宝宝为什么突然吐那么多丝？”

2. 请家长帮忙解决问题

我们将问题发给佳婧爸爸，让他给孩子们解决疑问。

正豪：“谢谢佳婧爸爸告诉我们答案。”

子稀：“佳婧爸爸好厉害啊！”

悦辰：“原来我们的蚕宝宝还有两天就要结茧了，好快啊。”

芊语：“便便比平时大了就是吐丝结茧了。”

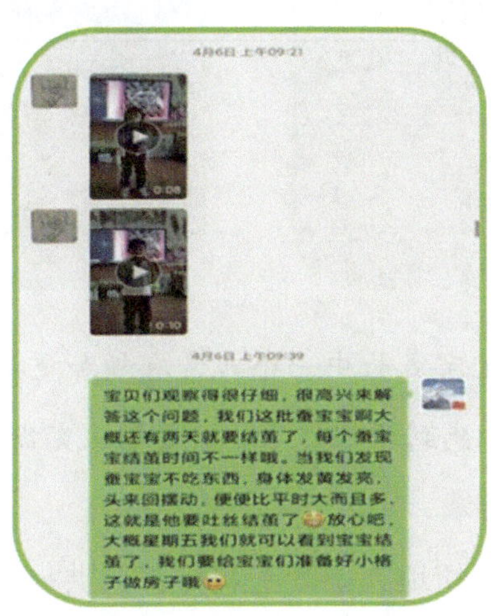

老师的话 幼儿和教师之间通过观察、讨论、请家长答疑解惑、收集相关资料，有效地将三者之间形成一个学习共同体，不断探索着蚕宝宝吐丝秘密，感受着神奇变化，并为之感叹。

活动十：蚕宝宝结茧了

周一，孩子们来到课室看到蚕宝宝时，惊讶地发现有四个薄薄的茧子，把自己裹在里面的蚕宝宝还时不时抬头动一动。孩子们对茧非常感兴趣，很想知道蚕宝宝在里面做什么呢？于是纷纷围着讨论起来。

德懿：“蚕宝宝结茧啦，你们快来看！”

梓铭：“好神奇啊。”

瑞瑞：“白色的蚕茧，像棉花一样，好漂亮啊。”

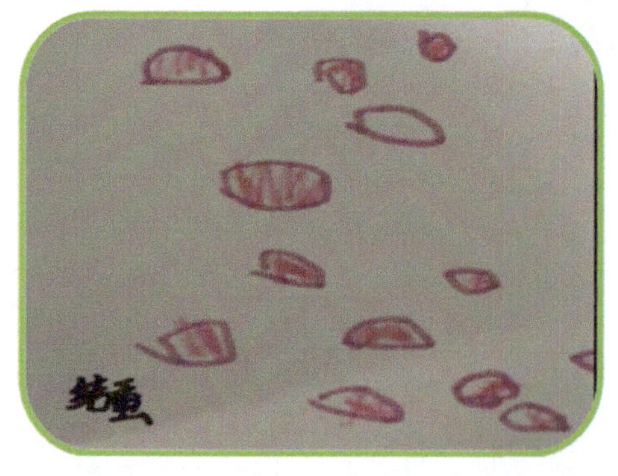

老师的话 “结茧”是蚕宝宝成长中一个非常有趣和重要的过程，孩子们对蚕宝宝在蚕茧里做什么，会有什么变化感到非常好奇，对蚕的探究欲望进入一个新的阶段。

活动十一：和蚕宝宝做游戏

孩子们看着蚕宝宝一扭一扭地在桑叶上爬行，一拱一拱的小身体真好玩，于是他们在课室里也喜欢学着蚕宝宝的样子做“运动”，看着他们在海绵垫上一拱一拱地爬行，谁说不像蚕宝宝呢?

正豪：“我来学蚕宝宝爬行。”

子鸣：“我们把海绵垫当作桑叶吧。”

沁鸿：“我们把海绵垫弄得高高的，做蚕宝宝的障碍物吧。”

恩宇：“我们学得好像啊，回家可以学给爸爸妈妈看。”

老师的话《3—6岁儿童学习与发展指南》中指出：“利用多种活动发展身体平衡和协调能力……发展幼儿动作的协调性和灵活性。”幼儿与蚕宝宝的直接近距离接触过程中，已经开始关注和思考它的身体和生活特征，产生模仿蚕宝宝爬行的兴趣。幼儿在游戏中体验爬的多种方式，发展身体的协调性和灵活性。

活动十二：蚕宝宝破茧了

陆陆续续，蚕宝宝已完成吐丝成茧。这一天终于来了，孩子观察到：第一只、第二只……飞蛾破茧而出。

叶航：“这白白的好像蝴蝶啊。”

梦瑶：“蝴蝶是彩色的。”

思涵：“老师说蚕宝宝会变成飞蛾，毛毛虫才是变成蝴蝶。”

铭灏：“我也觉得是飞蛾。”

老师的话 看见蚕宝宝“破茧成蛾”，孩子们和老师都非常兴奋。在孩子们的细心照顾和陪伴下，蚕宝宝迎来了一个全新的身份——飞蛾，孩子也因为见证了全部的过程而感到自豪，感受到生命带来的神奇魅力。

课程感悟

孩子们的探究来源于生活。在与蚕宝宝不期而遇，在日常照料蚕宝宝的过程中，孩子们通过多样化的活动观察到了蚕宝宝的外形变化，熟悉了蚕宝宝的生活习性，他们能坚持对蚕宝宝进行长时间的观察。从与蚕宝宝的相遇、相处、相知中，发现、探索、感知了其中的秘密，蚕的一生经过蚕卵—蚁蚕—熟蚕—蚕蛹—蚕蛾，在一个多月的时间里，蚕完成了整个生命的轮回。在亲身实践经历蚕宝宝传奇一生的同时，也感受到了生命的可贵，更获得了爱的体验。

在蚕宝宝饲养主题活动中还有很多教育价值等待我们进行开发和挖掘，能生成更多有趣的活动，但本次主题活动也是一次快乐的科学探究历程，孩子们每次观察中总会有许多充满趣味话语和疑惑。有的疑惑由老师、爸爸妈妈做出解释；有的疑惑大家一起找资料解决，整个探究和发现的过程为孩子带了很多欢乐和收获。孩子们之间的对话交流、小小的举动、问题的产生都是他们的发现，我们要及时关注，基于孩子的问题展开讨论，有效引导他们深入地进行思考和探索。

在主题活动实践过程之中，我们关注幼儿的行动，根据幼儿的学习来确定教师的教学行为，我们始终相信只有将幼儿的经验和知识的获得看作幼儿主动建构的过程，幼儿园孩子才是活动的本体，活动真正的主人。

实录二 童趣野炊

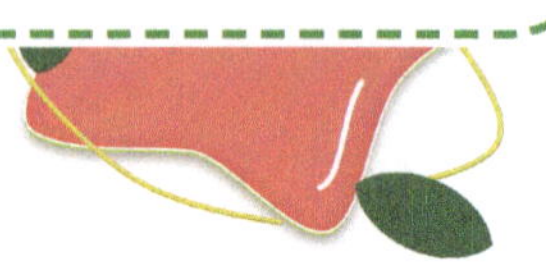

课程缘起

陈鹤琴先生曾说："凡是儿童自己能做到的，都应该让孩子自己做；凡是孩子自己能够想到的，就让他们自己去想。"

立冬悄然而至，与孩子们进行晨间谈话："冬日来临，你们最想做什么事情呢？"孩子们一下子打开了"话匣子"："我想去放风筝，我想去海边，我想去游乐场，我想去野餐……"孩子们想做的事情很多，经过投票选出了最受欢迎的活动——去野炊。对于野炊，孩子们提出了自己的问题："去哪里野炊？""野炊要准备什么呢？""需要如何做？""邀请谁参加？""野炊中可以玩些什么？"……顺着孩子们的疑问，以幼儿对"野炊"的兴趣为出发点，我们决定开始"童趣野炊"的班本主题课程探究，与孩子一起策划、亲身实践、体验，开展一次别有生趣的野炊活动。

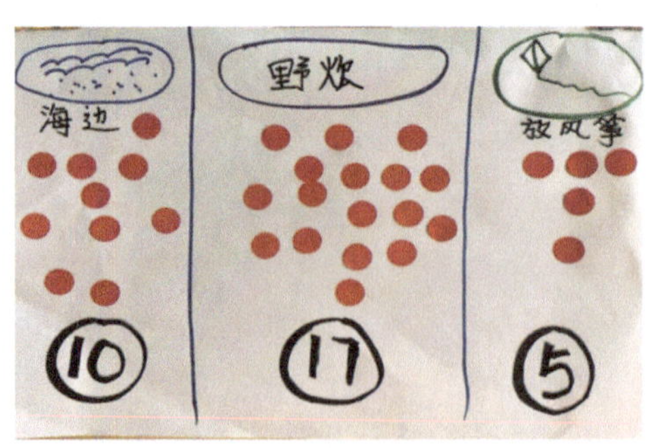

前期审议

《3—6岁儿童学习与发展指南》中明确指出：“支持幼儿在接触自然、生活事物和现象中积累有益的直接经验和感性认识。”当发现幼儿对大自然生活感兴趣时，教师应该有意识地引导孩子和这些环境产生共鸣，应该考虑如何利用资源与幼儿产生互动。我们始终相信生活即教育，幼儿的课程终将回归生活，因为儿童是在生活中学习的，他们通过与自我、他人和环境的互动中建构认知、生成经验，最终获得成长。幼儿教育的目标也将通过儿童的生活得以实现。这是一个动态的过程，在儿童、成人与环境的有机互动与共同生活中建构课程，从儿童的生活经验出发，以儿童当下的状态、困惑为起点，借由他们的生活去生成、延伸更加丰厚的经验，教育者只需要做他们的合作者、支持者和引导者，与幼儿一起书写出属于自己的课程故事。

大家都对野炊充满期待，都说大自然是孩子的生活课堂，是学习的最好来源，创设一个孩子喜欢、融合体验与学习的生活小天地，让他们去探索、发现，享受一次别有生趣的野炊活动，体验合作、分享、劳动的乐趣。为此，我们梳理出孩子们对“童趣野炊”活动的探究线索，追寻孩子的脚步开展此课程。

前期准备

幼儿经验分析	材料提供	资源收集	教师知识准备
1. 在小中班的时间，有过野餐的经验。 2. 对野炊活动很感兴趣。 3. 对野炊的相关经验停留在吃的方面，缺乏实际操作	1. 提供相关材料及记录表（如野炊调查问卷、野炊计划记录表）。 2. 提供相关绘本（如：《记录一天的野炊生活》《一起去野餐》）	1. 与孩子一起收集与野炊相关的材料、工具。 2. 采购野炊清单食品	查找相关资料，深入了解野炊相关内容，为本次课程探究预设研究目标

课程目标

核心素养	主题目标
人文底蕴	1. 有高兴的或有趣的事愿意制作邀请函与大家分享。 2. 尊重野炊区为大家提供重建服务的人，珍惜他们的劳动成果
科学精神	1. 能通过观察、比较与分析，发现并描述野炊区前后的变化。 2. 逻辑清晰，能运用科学的思维方式认识事物、解决问题、指导行为等
学会学习	1. 在采购中，发现生活中许多问题都可以用数学的方法来解决，体验解决问题的乐趣。 2. 在成人的帮助下能制订简单的调查计划并执行，完成野炊区的改造任务
健康生活	1. 能随着野炊活动的需要转换情绪，从害怕生火到从容生火，知道野炊注意事项。 2. 依据自身个性和潜质选择适合的野炊分工，发展不同的能力
责任担当	1. 热心参与野炊活动，具有团队意识和互助精神。 2. 能认真负责地完成自己所接受的任务
实践创新	1. 尊重劳动，具有积极的劳动态度和良好的劳动习惯。 2. 能依据原有野炊区的特定情境和具体条件，选择制订合理的解决方案。 3. 在主动参加的野炊活动中，具有动手操作能力，掌握一定的生火、蒸煮等劳动技能。 4. 能用简单的记录表、采购清单等表示简单的数量关系。 5. 合理、友好地寻找解决搭建桌子问题的多种方法，寻求解决问题的工具，搭建出不同的桌子

课程内容

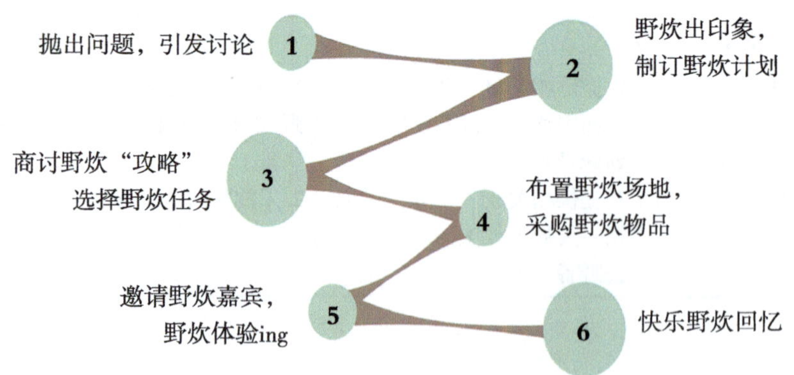

课程开展

活动一：什么是野炊?

“野炊”的概念从字面理解即“户外生火做饭”。“什么是野炊？”通过开放性的提问，引发幼儿对“野炊”的思考：

浩浩：“野炊就是在户外野餐。”

欣欣：“野炊就是去外面煮东西吃。”

博予：“我记得中班的时候有去过野炊。”

小潘：“对啊！野炊要做很多事情的。”

一伊：“要洗菜、切菜。”

朗朗：“外面没有桌子，还要自己想办法搭桌子。”

翰如：“野炊还要自己生火，我们可以尝试一下钻木取火。”

杨溪：“我们还要搭建灶台，这样我们才可以煮东西吃。”

为了让孩子对“野炊”有更加深入的了解，我们和孩子一起进行了百度百科，查找“野炊”的含义。

野炊——百度百科

野炊，指在野外和朋友一起烧火做饭。一般是指休闲娱乐的一种活动。

老师的话 有人说，生活唯有爱与美食不能辜负。无论生活予你喜悦抑或悲伤，都可以通过一顿美食，来放大你的快乐，驱散你的忧郁，在唇齿之间体味生活的美好。而野炊，是最原始的烹煮方式，蕴藏着祖先的智慧，是中国美食文化的结晶。人间烟火气，最抚凡人心，而在城市化不断推进的今天，我们已经很难在钢筋水泥建构的城市里觅得一片可以自由探索、随意感受的丛林与旷野田间了。野炊，已然成了一种“乡愁”的文化符号。所以，我们希望把野炊这种古老的生活方式带进城市幼儿园里，让孩子感受三餐四季，慢煮生活的美好与闲暇，做优雅的生活者。接下来我们将和孩子们一起进行一系列的探究活动……

活动二：我的野炊计划

1. 讨论野炊需要准备什么食材？

颢颢：“我要带青菜。”

欣欣：“要有油、盐、酱油。”

一可：“还可以准备一些喝的饮料。”

朗朗：“可以带蛋糕、薯片。”

翰如：“野炊需要火、树枝。”

锴锴：“野炊要准备很多好吃的食物。”

小潘：“可以带肉丸、火腿肠。”

清芷：“需要带一个炒菜的锅。”

2. 记录野炊需要准备的美食

孩子们有各种想要烹饪的食物，他们用不同的形式记录自己喜欢的美食，并用绘画的形式记录下来。

老师的话 孩子用绘画的方式表达了自己的想法，他们的画面视角非常的丰富，有各种想要烹饪的食物。在记录中就是孩子生活经验的迁移，联系自己平时会吃到的食物，以此为经验进行迁移。

活动三：讨论野炊“攻略”

野炊除了需要准备好吃的，还需要准备什么呢？孩子们结合自己知道的生活经验，纷纷提出想法。

1. 讨论野炊用品

翰如：“野炊需要火、木头。”

瑞霖：“可以带上地垫、帐篷，铺在地上让我们坐着休息。”

清芷：“需要一个锅来煮饭。”

欣欣：“要煮菜还需要盐和酱油。”

朗朗：“我爸爸有打火机，可以带过来。”

小潘：“还要带杯子。”

浩浩：“要带桌子放东西。”

2. 查找阅读野炊相关资料，制订野炊计划

孩子们因为即将要去野炊，每天都充满期待。他们积极地寻找野炊的相关资料，因为自己的新发现开心不已，忍不住跟同伴一起分享，不断地丰富对野炊的认知，讨论野炊要怎么钻木取火、搭建桌子，还用思维导图的形式记录自己的野炊计划，开心地分享计划并一起商量准备采购的食材，心里满满都是对野炊的向往。

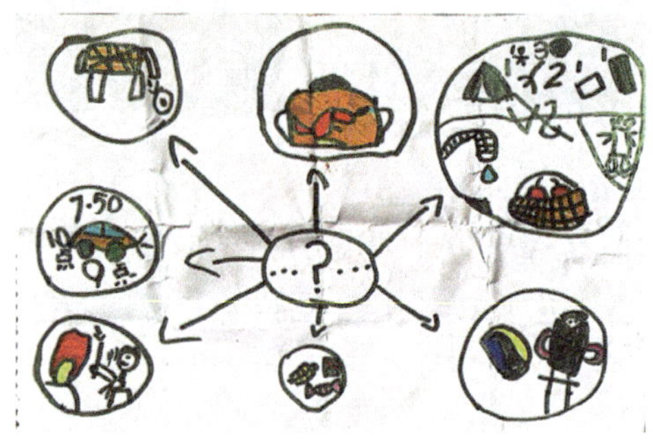

3. 确定野炊物品

最终通过投票，我们确定本次野炊需要相关准备物品，确定好野炊物品后，孩子们又进入了新一轮关于野炊的探索与挑战：

Q1：“这次活动我要承担什么任务？”

Q2：“我们怎么分工合作呢？”

老师的话 从活动中，我们看到了孩子们真正意义上的参与，积极发挥主人翁精神，纷纷发表见解。在孩子们热烈的讨论声中，我感受到他们前所未有的主动参与的热情。根据这些丰富多样的内容，老师和孩子一起讨论、投票，进行分类和梳理，为顺利开展“野炊”活动做了铺垫。

活动四：我的野炊任务

1. 讨论在野炊中自己可以承担的任务

小米：“我想洗菜。”

杨菏：“我要剥橘子、切胡萝卜。”

朗朗：“我想搭桌子，可以放水果。”

六六：“那我洗水果放在朗朗的桌子上。”

享儒：“我要串水果串。”

闵贺：“我想帮忙端菜。”

宇霖：“我想帮忙切菜，妈妈教过我。”

宸宸：“我会煎蛋。”

……

2. 确定自己在野炊中的任务

在班级讨论后，孩子们根据自己的能力确定了自己的野炊任务。

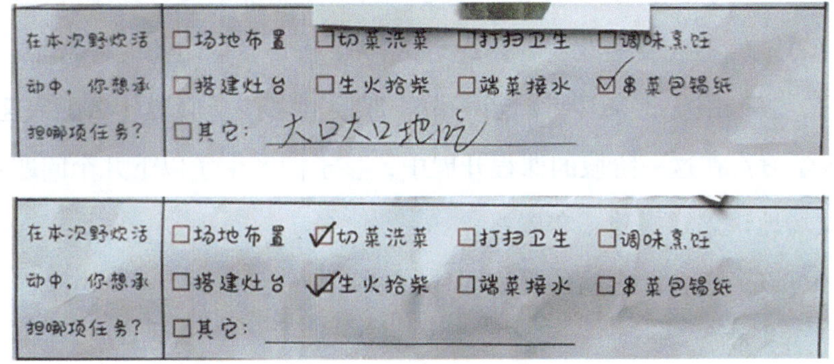

在本次野炊活动中，你想承担哪项任务？	□场地布置 □切菜洗菜 □打扫卫生 □调味烹饪 □搭建灶台 □生火拾柴 □端菜接水 ☑串菜包锡纸 □其它：大口大口地吃

在本次野炊活动中，你想承担哪项任务？	□场地布置 ☑切菜洗菜 □打扫卫生 □调味烹饪 □搭建灶台 ☑生火拾柴 □端菜接水 □串菜包锡纸 □其它：

老师的话 幼儿的学习与发展是一个整体，能照顾自己、会生活也是幼儿发展的重要方面。原本在家里衣来伸手、饭来张口的孩子，在野炊活动中主动揽下了活儿，不仅可以亲身体验，还能在操作实践中提高动手能力。

中期思考

生活即课程，每一场活动都是一次重要的教育契机。在“童趣野炊”班本课程开展中，孩子们是欣喜的，他们对“野炊”的热度不断升温，从讨论活动方案到制订活动计划，再到分配任务，整个过程如火如荼，一切都充满了快乐和期待。活动刚开始的时候，我也进行了反思，活动是否有益于幼儿的发展？是否值得儿童花时间？是否存在教育价值？听了孩子内心的想法，看着孩子渴望的小眼神，结合老师对其教育价值的审视，我们决定追随孩子的脚步，继续开展此课程。幼儿天生就具有好奇心，有时候他们会自己操作探索，有时则不停地向成人提出问题，抓住幼儿产生好奇心的时机很重要，老师应当关注并且重视孩子好奇的内容，挖掘孩子自身感兴趣的内容、从而引导幼儿走上科学探索的道路。不同的幼儿具有不同的经验、不同的观点、不同的思考，幼儿进行探索的时候，不仅仅会受到老师的引导和支持，同时也会受到同伴的启发，当他们处在一个集体学习探索的环境中，他们会进行语言交流，他们的思维会不断产生碰撞，进而共同探究问题、寻找答案。在野炊课程中，我们抓住孩子对“野炊”的兴趣，引导幼儿在讨论中制订野炊计划，确定野炊菜品及自己在野炊活动中所需要承担的任务。在这一过程当中，幼儿的学习是一个主动建构的过程，幼儿主动建构自己的知识，而不是被动地接受某种现成的知识。在学习活动中幼儿的主动性非常重要，如果幼儿仅仅是被告知某事，其学习思维就不会发生改变，因此成人需要充分尊重幼儿的好奇心，鼓励、激励幼儿主动学习，去亲眼看，亲耳听，亲手做。那接下来孩子们对什么感兴趣，还可以从哪些方面深入学习？在这一阶段的课程开展中，孩子们产生了以下几个问题：

（1）野炊场地该怎样搭建、布置？

（2）是否可以邀请自己喜欢的野炊同伴？

（3）食品采购谁负责？

（4）需要带多少的食品？

……

我们将继续跟随孩子的问题，不断地给予支持、提供条件，让孩子们在探索中自主学习。

活动五：布置野炊场地

1. 实地考察，提出问题

孩子来到了野炊区进行实地考察，发现这里非常简陋。提出了自己的想法：

翰如：“老师，野炊需要桌子放食物。”

瑞霖：“是啊，还要有椅子。”

清芷：“那我们怎么洗菜呢？”

欣欣：“可以用长长的水管。”

朗朗：“还要准备洗菜的盆子。”

浩浩：“锅放不稳，砖头会掉下来。”

小潘：“烤架太小了，小朋友那么多。”

……

2. 动手搭建

孩子们看完原有的野炊区后，纷纷提出了自己的想法，在大家一起商讨后，决定重新搭建野炊区。野炊区的搭建需要准备水泥、砖头，还需要邀请专业的师傅。在师傅的协助下，孩子们认真地观察学习，还会一起动手加入，新的野炊区在大家的共同努力下很快就搭建出来了。

3. 添置物品

新的野炊区搭建完成，孩子们可开心了。同时，孩子也发现了新的问题，野炊区看起来空空的，放食物的桌子还没有呢？于是，孩子们又开始想办法解决桌子的问题了。

骏骏："我家里有一张小桌子，我可以带过来。"

依缇："我家也有桌子，可是是很大的桌子。"

一可："轮胎也可以变桌子。"

……

是的，除了轮胎，孩子们也想到了其他的材料来变桌子。大家积极开动脑筋，商量决定后，孩子们就跟同伴相互合作，利用轮胎、万能工匠、箱子、木板等材料，搭建出可以使用的各种桌子。

老师的话 儿童在游戏中是积极的创造者。孩子们通过自己的实地勘察、探讨、思考，将原来简陋的野炊区进行积极的改造。孩子们对于改造想法多多，充分利用有限的材料创造了无限的可能。当他们亲手把自己的想法逐步实现，使得原本略显简陋的野炊区焕然一新。

活动六：采购野炊物品

1. 共同商讨野炊采购清单

孩子们根据之前商定的食谱，共同商讨谁去采购食品。

骏骏：“我买益力多。”

思扬：“我要带橘子。”

清芷：“我最会包饺子，我带胡萝卜、黄瓜、玉米、瘦肉，还有面皮。”

浩浩：“我喜欢花生、巧克力零食。”

萱萱：“我要带青菜和蘑菇。”

杨溪：“我要带小番茄、草莓。”

一可：“我想带肉丸。”

依缇：“我也要带牛肉丸、蘑菇。”

活动中，我们发现大家都非常有任务意识，都想为此次活动贡献自己的一份力量。于是，根据孩子自己的意愿，我们制定了采购清单，让孩子自己拿着清单按计划的数量采购野炊物品。

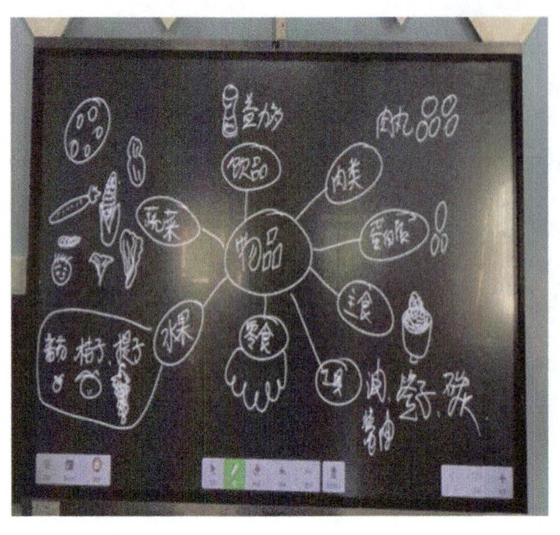

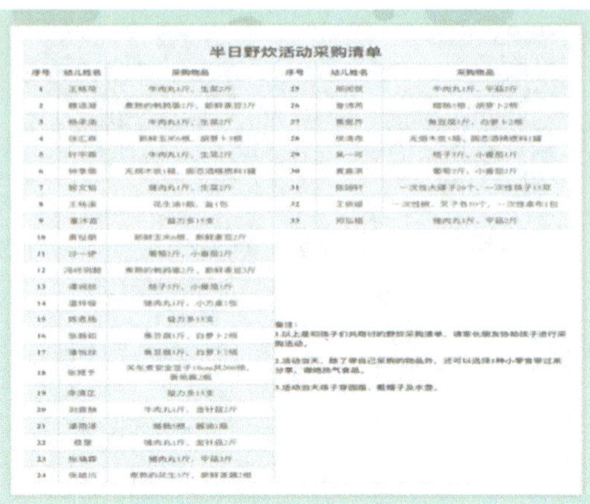

半日野炊活动采购清单

2. 采购野炊物品

孩子们去到超市、市场，根据提前设置的“菜单”进行大采购。年纪小小的他们，采买、与售货员沟通都有模有样，让人不得不感慨他们的成长。

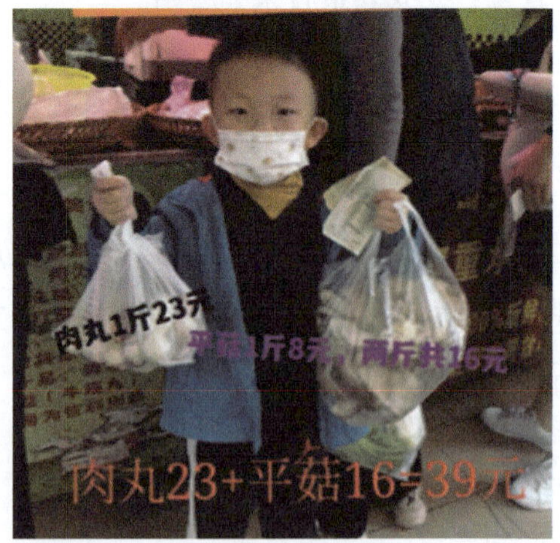

老师的话 有一种体验叫实践，有一种实践叫成长。在采购的过程中，幼儿的语言表达能力得到了提高，还巩固了数与量的知识，感受到数学在实际生活中的运用。

活动七：邀请野炊同伴

1. 讨论邀请对象

为了共享快乐，孩子们决定制作一批邀请卡，邀请自己喜欢的同伴一起参加我们的野炊盛宴。

汇森：“我想邀请园长、俏俏老师。”

一伊：“我想邀请GiGi老师、罗老师。”

闵贺：“我想邀请谭老师。”

享儒：“我想邀请邓老师。”

沐言：“我想邀请厨房的叔叔阿姨。”

骏骏：“还有门口的保安叔叔。”

……

2. 制作邀请函

大家心中都有自己想邀请的人。于是，孩子们精心设计，怀着快乐的心情制作并送出了一封封独一无二的野炊邀请函。

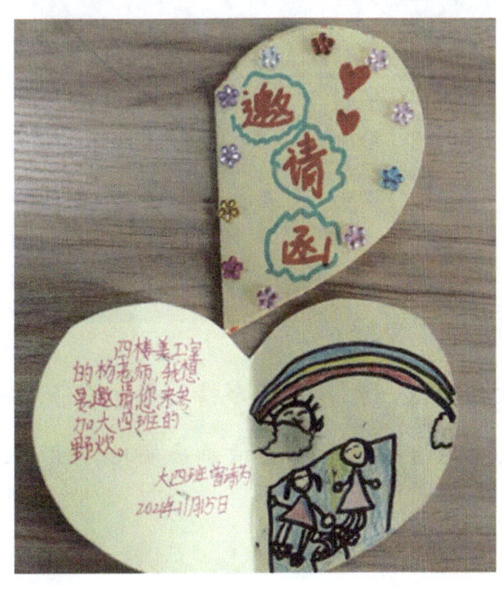

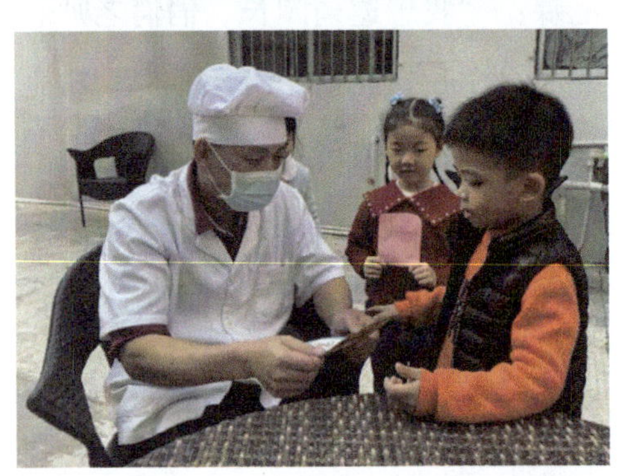

老师的话 人生最美好的事，是和一群喜欢的人做一件喜欢的事情。每个孩子心中都有自己想要邀请的野炊同伴。幼儿通过自己设计邀请函并拿着邀请函去实地邀请同伴，提高了幼儿与人沟通、交流的能力。

活动八：野炊体验

1. 野炊分工

孩子们的野炊开始了，萌娃们大展身手。洗菜、切菜、拾柴、生火……其乐融融，炊烟袅袅。

翰如："我去起火。"

朗朗："老师，我去摆桌子。"

灏灏："我来搭帐篷地垫。"

诗芮："我去切胡萝卜。"

嘉淇："我去剥橘子、花生。"

沐言："我来串水果串。"

……

2. 美食分享

忙碌了一上午，孩子们终于等到了美食分享的幸福时刻！孩子是天生的厨师，将不同类型的食材进行最佳搭配，制作成餐桌上的美味佳肴。这一餐饱含每一个孩子的辛勤付出。自己动手，丰衣足食，孩子们吃进嘴里的是美味，填进心里的是快乐。

老师的话 活动中，孩子们享受到了合作分工与探索的乐趣，锻炼了最基本的生活能力。他们自己拾柴、生火、洗菜、炒菜，从因为害怕烫伤而离得远远的，到学会蹲下围在灶台旁边专心做事，还会在吃完食物后主动把场地整理干净，孩子们的进步真的很大，同时也在实践中收获用火安全的意识。本次课程的体验，不管是对于老师、家长还是孩子都是一件特别有趣的事情，野炊唤起了大人们年少时快乐的回忆，也让家长意识到孩子在生活能力上的自我服务意识是需要被激发的，是可以通过锻炼来提高的。

活动九：快乐野炊回忆

1. 回忆野炊趣事

野炊体验带给孩子们的无穷的乐趣。孩子们之间对野炊的话题还意犹未尽，彼此交流、分享：

博博："我很期待野炊活动。野炊时，我帮忙搭桌子、剥食物，一点也不觉得累。我吃了肉丸、水果串和五色饭，觉得超级开心。"

萱萱："我很高兴能参加这次野炊活动。我串了很多的水果串跟好朋友分享，我们都吃得很开心。"

欣欣："在这次野炊活动中，我和翰如负责拾柴、烧火，我们合作得很愉快，我们一人负责一个灶台，帮助大家把食物煮熟，和大家一起品尝好吃的，心情很好。"

2. 绘画记录

快乐的回忆是幸福的源泉。野炊结束后，孩子们用绘画的方式记录下了幸福时光。

3. 作品分享

每个孩子对于野炊有着不同的记忆，每个人的作品也有各自的故事。孩子的作品呈现了野炊在他们心中最值得记录的时刻。

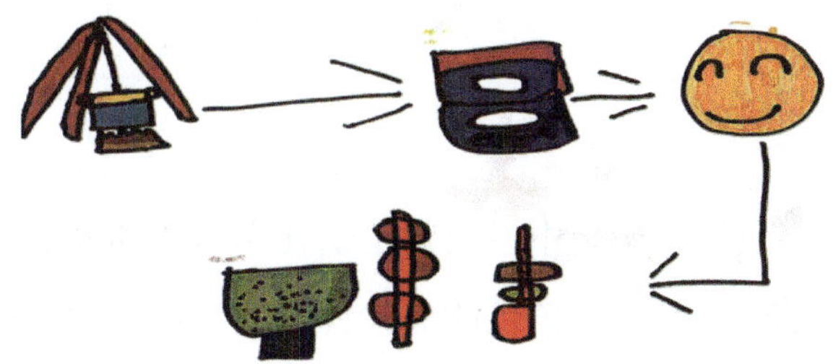

老师的话 教育是生活的过程，而不是将来生活的准备。孩子们在真实的野炊情景中，提高了自理能力和动手实践能力，获得了真实的生活经验。在柴米油盐中，品味生活；在相互合作中，学会团结；在辛勤劳动中，学会担当；在美食分享中，增进情感。这不仅仅是一次户外野炊，更是一次心灵与智慧的成长！在野炊中的所见、所闻、所感，将会成为一段美好的回忆，珍藏在美好的童年。

活动十：家长参与活动感言

此次活动特别邀请了瑞霖妈妈、一伊妈妈、清芷妈妈参与。通过参与野炊活动，家长由“客人”变成“主人”，进一步了解了幼儿园的日常教学，更新了课程的教育理念。同时，他们把参与活动的感受发表到群里，借此提高其他家长参与助教的热情。

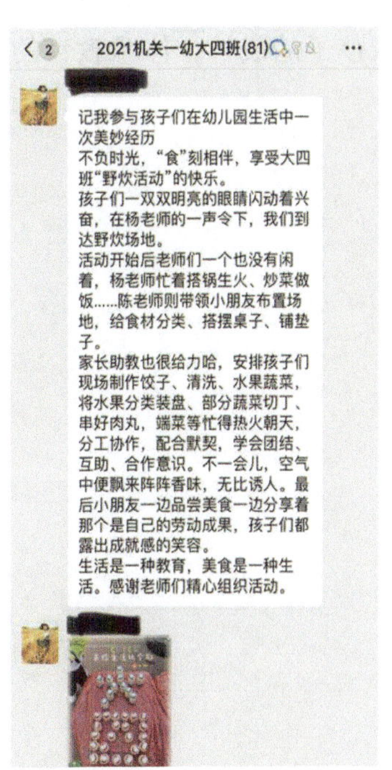

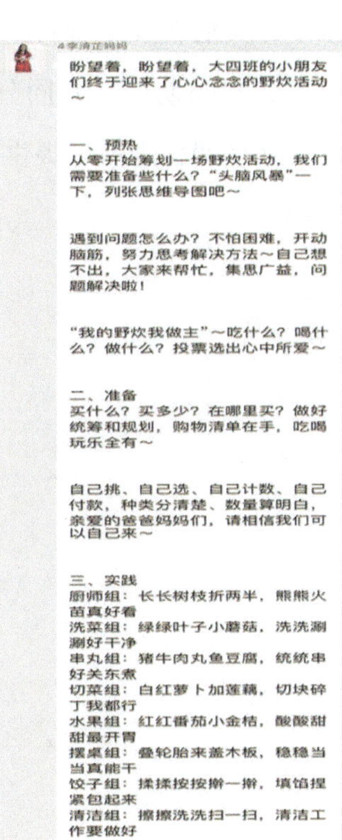

课程感悟

《3—6岁儿童学习与发展指南》中说教师是幼儿学习活动的支持者、引导者和合作者。在“童趣野炊”活动中，教师的角色能极大程度上为孩子的活动提高有效性、实操性，挖掘偶发事件中所隐含的教育价值，积极引导幼儿不断地去发现、去学习，促进幼儿全面发展。首先是关注“心底里”的愿望。对于孩子心里的想法，很多时候我们或许只是听听而已，一笑而过。在野炊活动开始前，我们认真聆听了孩子的想法，关注到孩子的愿望，由此开启了孩子们的野炊课程。其次是给予幼儿“尽可能”的支持。自主性是孩子成长、发展、独立的重要标志。野炊活动的想法从与孩子们的聊天中而来，孩子们拥有计划活动、选择任务、解决问题的权利。我们相信孩子，给予孩子自主的机会，给予孩子尽可能的支持，让孩子最大限度地发挥主人翁意识，分工合作，团结一致，一场儿童视角下的野炊活动诞生了。最后是发挥师幼“在一起”的力量。在课程推进中，孩子与教师、家长始终紧密地联系在一起，形成了成长共同体。在教育上，教师与孩子踏着同样的思考步伐，从意愿提出、计划制订、物品讨论到活动实施，一步一步追随着孩子，灵活转换支持者、引导者、协助者的角色。在情感上，教师与孩子保持同成长的状态，共同期待、共同分享。在家园中，教师与家长形成同参与的合力，保持同频互动，共享课程进展，提供资源支持，分享稚趣瞬间，从而品味孩子的成长，体验教育的乐趣。